AF243370

DISTILLATION AGRICOLE

DE

LA BETTERAVE

SON ORIGINE,

SON ÉTAT PRÉSENT ET SON AVENIR.

DISTILLATION AGRICOLE

DE

LA BETTERAVE

SON ORIGINE,

SON ÉTAT PRÉSENT ET SON AVENIR.

« N'emporter de la ferme que les produits dont les éléments sont fournis par l'atmosphère, et rendre à la terre tous ceux qu'elle a prêtés. »

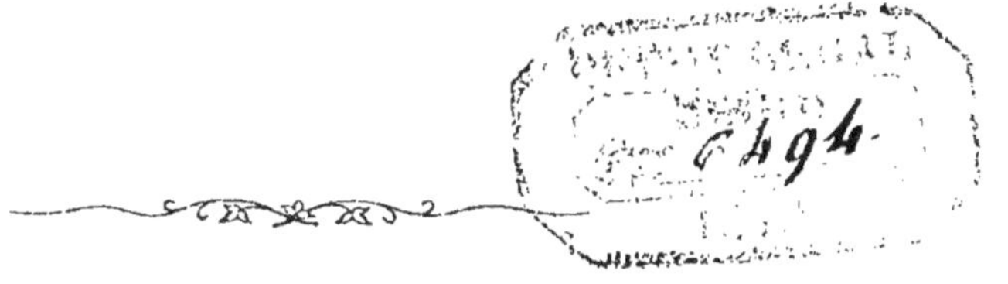

PARIS

IMPRIMERIE DE MADAME VEUVE BOUCHARD-HUZARD,

RUE DE L'ÉPERON, 5.

—

1872

PRÉAMBULE.

—

La distillation agricole de la betterave vient de recevoir une nouvelle preuve de sympathie de la Société d'encouragement pour l'industrie nationale, qui déjà, en 1856, lui avait décerné sa grande médaille.

Le grand prix d'Argenteuil a été décerné à M. Champonnois par cette société, dans sa séance du 11 février 1870.

Il n'est pas sans intérêt, avant d'indiquer, par la publication ci-après du rapport de M. Heuzé, inspecteur de l'agriculture, quelles considérations ont déterminé la décision de la Société, de rappeler les conditions prescrites par le fondateur de ce prix, qui doit être décerné tous les six ans.

« *A la découverte la plus utile au perfectionnement*
« *de l'industrie française, principalement pour les objets*
« *dans lesquels la France n'aurait pas encore atteint la*
« *supériorité sur l'industrie étrangère, soit quant à la*
« *qualité, soit quant au prix des objets fabriqués.* »

SOCIÉTÉ D'ENCOURAGEMENT POUR L'INDUSTRIE NATIONALE

FONDÉE EN 1801

RUE DE L'ABBAYE PROLONGÉE.

RAPPORT

FAIT PAR M. HEUZÉ, AU NOM DU COMITÉ D'AGRICULTURE,

SUR LE

PRIX DE 12 000 FRANCS

FONDÉ PAR M. LE MARQUIS D'ARGENTEUIL,

DÉCERNÉ A M. H. CHAMPONNOIS

Dans la séance générale du 11 février 1870.

M. Champonnois, l'inventeur de la distillerie agricole de la betterave, a rendu d'importants services à l'agriculture septentrionale de la France.

Cette industrie spéciale a pris naissance, il y a quinze ans, lorsque le manque successif de récoltes de la vigne éleva à des prix énormes les alcools produits exclusivement jusqu'alors : 1° dans les régions du Sud et du Sud-Ouest, par la distillation des vins non potables ou non alimentaires; 2° dans la région du Nord-Est par la distillation des grains ou du topinambour, ou de la pomme de terre.

Encouragée par ces hauts prix, l'industrie du Nord se livra

avec ardeur à la fabrication de l'alcool en distillant des grains et des mélasses ; elle parvint ainsi à suppléer au déficit, aidée qu'elle fut par la distillerie purement agricole qui débutait à la même époque, et elle partagea avec cette nouvelle industrie de l'agriculture proprement dite les chances heureuses créées par ces circonstances exceptionnelles.

Après quelques années de fabrication, non-seulement les vides furent comblés, mais l'abondance survint ; aussi le prix de l'alcool qui, en 1854, époque de la hausse maximum, avait atteint 205 francs l'hectolitre, s'abaissa jusqu'au cours très-peu favorable de 50 francs, en 1858. Alors commença pour le Nord une crise, qui ruina la plupart des industriels qui distillaient des betteraves, et, au bout de quelques années, cette crise entraîna la fermeture de toutes les usines de ce genre.

La distillerie de la ferme, douée d'une vitalité qui lui est propre, parce qu'elle repose sur les intérêts les mieux entendus, non-seulement ne fut point ébranlée par cette crise, mais elle ne cessa, au contraire, de s'accroître, de telle sorte qu'au lieu de 200 établissements environ qu'elle comptait en 1858, époque de la crise, le nombre n'en est pas aujourd'hui moindre de 500, répartis dans 60 départements, et dont la production alcoolique s'élève à près de 300 000 hectolitres par an, soit le quart de la consommation totale de la France en alcool et eau-de-vie.

La distillerie agricole par le système Champonnois consiste : 1° à extraire de la betterave la totalité du sucre qu'elle contient pour le convertir en alcool ; 2° à restituer aux résidus la totalité des matières alimentaires que renfermait cette même racine, ou, en d'autres termes, à séparer la betterave en deux produits : l'un, commercial et exportable, l'alcool ; l'autre, la pulpe ou matière alimentaire, conservée à la ferme pour être transformée en viande, en lait et en engrais.

Les procédés de distillation précédemment en usage étaient loin d'atteindre à un pareil résultat, car ils donnaient trois produits bien distincts : l'alcool, la pulpe et la vinasse, li-

quide qui renfermait toutes les matières alimentaires élimi-
nées par la macération ou la pression, et dont on se débar-
rassait, le plus souvent, dans les fossés ou les cours d'eau, au
grand détriment de la santé publique.

Le changement radical apporté par M. Champonnois dans
cette industrie repose sur une idée fort simple, et qui, à première vue, paraît même erronée, car elle consiste à substi-
tuer la vinasse à l'eau pour déplacer le jus sucré de la betterave, en laissant interposées, dans la pulpe, toutes les matières alimentaires dont cette vinasse était chargée, de manière à conserver, pour ainsi dire, les betteraves entières,
sauf le sucre.

La mise en œuvre de cette idée féconde a naturellement
imposé l'obligation de la réaliser avec des moyens d'exécu-
tion en rapport avec les ressources dont on peut disposer
dans la ferme. Il fallait donc un outillage simple et peu coûteux, des appareils d'une conduite facile et à la portée des
ouvriers ordinaires de la campagne. C'est ce résultat auquel
M. Champonnois est parvenu, après d'actives et persévé-
rantes recherches qui l'ont amené à modifier successivement
toutes les dispositions premières de l'outillage. Ainsi au
coupe-racines à disque employé primitivement, et qui présentait de grandes imperfections, il substitua le coupe-racines à
force centrifuge, au moyen duquel on obtient une division
parfaitement régulière de la betterave, avec une économie de
force motrice.

Les appareils à distiller, qui étaient en cuivre et très-coû-
teux, ne satisfaisaient pas non plus aux exigences de ce nouveau travail, qui donne des vins à faible richesse relative,
très-mousseux, légèrement acides, et exerçant dès lors une
action corrosive sur le cuivre. M. Champonnois les remplaça
par des colonnes en fonte d'un prix moins élevé, et avec des
organes d'analyse qui augmentent leur puissance d'épuisement, et les rendent d'une conduite plus facile ; il est même
parvenu à les soustraire aux altérations qu'ils étaient susceptibles d'éprouver, en les recouvrant d'un vernis spécial appli-

que à chaud, et en entretenant sur les surfaces en contact avec les vins un dépôt d'un sel fixe, qui les met à l'abri de leur action corrosive. Il en fut de même des autres ustensiles, qui tous furent successivement modifiés ou remplacés pour mieux répondre au but.

Aussi est-ce avec raison qu'on a souvent répété : M. Champonnois a créé une industrie de toutes pièces, depuis l'idée mère, qui en a été la base, jusqu'aux détails d'opération et aux outils qui ont servi à la réaliser.

Pour apprécier l'importance de cette industrie annexe de la ferme, il suffit de prendre connaissance des résultats sommaires de l'enquête faite, en 1864, par la Chambre syndicale des agriculteurs-distillateurs sur 500 fermes pourvues de distilleries de betteraves suivant le procédé de M. Champonnois.

Cette enquête a constaté que la betterave, avant sa distillation, y était cultivée sur 1 947 hectares, et qu'elle y occupe de nos jours 21,405 hectares ; qu'on y employait à la culture du blé 21 906 hectares, tandis que cette récolte y occupe aujourd'hui 27 570 hectares ; que, dans ces 500 fermes, le produit moyen du blé à l'hectare n'était que de 19 hectolitres 52 litres, tandis qu'il est aujourd'hui de 27 hectolitres 75 litres ; que ces fermes, avant l'introduction de la distillerie, entretenaient annuellement, en moyenne, 25 386 têtes de gros bétail, et en engraissaient 6 955 têtes, alors que maintenant elles peuvent en entretenir 51 449 têtes et en engraisser 46 656 têtes ; enfin que les 500 exploitations, avant l'introduction du procédé Champonnois, occupaient en hiver 4 767 ouvriers, en été 9 851, soit, au total, 14 618 personnes, tandis qu'aujourd'hui elles procurent du travail, pendant l'hiver, à 14 718 ouvriers, et, durant l'été, à 25 735, soit, au total, à 40 453 travailleurs.

Ces données prouvent que la distillerie dans la ferme est le plus puissant auxiliaire dont dispose l'agriculture pour arriver à la production, à bon marché, des céréales et de la viande, but principal de l'agriculture dans la presque totalité de la région septentrionale de la France.

Quelques déductions tirées des chiffres qui précèdent feront encore mieux ressortir les magnifiques résultats que la distillerie de la betterave permet de réaliser chaque année. En effet, depuis l'existence de la distillerie agricole, la surface cultivée en betteraves a augmenté de 19 458 hectares, et celle occupée par le froment, de 5 764 hectares, qui ont accru réellement les ressources alimentaires de 251 600 hectolitres de blé, ayant une valeur totale de 5 032 000 francs. Les 21 000 hectares cultivés en betteraves, au rendement moyen de 35 000 kilog. ou 35 tonnes par hectare, produisent, chaque année, 735 000 tonnes de racines, qui, à raison de 70 pour 100 de pulpe, donnent 514 500 tonnes de pulpe ayant, à 10 fr. la tonne, une valeur totale de 5 145 000 francs. C'est à l'aide de cette masse énorme de pulpe qu'on a engraissé ou entretenu en plus, chaque année, 65 700 têtes de gros bétail.

Les animaux engraissés ou entretenus, il y a quinze ans, sur les 89 460 hectares composant les 500 exploitations, représentaient seulement 32 381 têtes de gros bétail, soit 0^{tête},36 par hectare; aujourd'hui ces animaux s'élèvent au chiffre de 98 100 têtes, ce qui donne 1^{tête},09 par hectare. Ces animaux ont permis de fabriquer annuellement 411 600 tonnes de fumier, soit, par hectare cultivé en betterave, environ 20 000 kilog. d'engrais.

Les 735 000 tonnes de betterave, au rendement moyen de 4 pour 100, ont donné annuellement 294 000 hectolitres d'alcool, lesquels, au prix moyen de 50 francs par hectolitre d'alcool brut, ont produit à la culture un revenu brut de 14 700 000 francs, et donné lieu à une perception annuelle, au profit de l'État, d'une somme de 29 106 000 francs.

L'intérêt général a participé, dans une large mesure, à ces remarquables résultats; car ces millions récoltés par l'agriculture, et dépensés par elle dans le rayon de toutes ces usines agricoles, contribuent à répandre l'aisance dans les campagnes, en donnant de l'occupation, pendant l'hiver, aux bras qui en manquaient lorsque les travaux de la belle saison étaient terminés; en permettant d'élever le taux des salaires et de retenir, par suite, à la campagne les ouvriers si disposés à émigrer vers les villes ; et ces auxiliaires eux-mêmes trouvent, dans cette industrie, un exercice profitable à la santé et salutaire à l'intelligence, dont il tend à développer les ressorts, en initiant ces ouvriers aux progrès de la science et de la mécanique.

La Société d'encouragement a compris d'autant mieux l'importance de ces considérations, qu'elle s'est toujours préoccupée de l'intérêt que devait présenter à l'agriculture l'adjonction d'industries susceptibles de lui venir en aide, en utilisant sur place ses produits. Il y a soixante ans, elle encourageait Adam, qui venait de découvrir le procédé de distillation qui a permis de donner un grand développement à la culture de la vigne dans le bas Languedoc, et en 1832 elle avait mis au concours l'établissement de sucreries dans les exploitations agricoles. Mais, par des considérations purement industrielles, la fabrication du sucre fut sans cesse sollicitée à s'éloigner de l'agriculture, en se concentrant dans d'immenses établissements situés souvent aux portes mêmes des centres populeux. Cette industrie a donc été complétement détournée du but vers lequel la Société voulait la diriger, et, d'agricole qu'elle était au début, elle est devenue purement manufacturière. La distillation de la betterave, au contraire, a suivi une marche diamétralement opposée. Son exploitation était restreinte à quelques usines du Nord, lorsque M. Champonnois, grâce à son procédé, aussi simple qu'ingénieux, sut la faire entrer d'emblée dans les habitudes des agriculteurs ; on la vit bientôt, en effet, s'acclimater dans des centaines de fermes les plus variées sous le rapport de la culture, depuis la plus intensive jusqu'à celle sortant des défrichements, et partout elle répandit la fertilité et l'aisance. Ce succès valut à M. Champonnois, en 1854, une médaille d'or de la Société impériale et centrale d'agriculture ; en 1855, la grande médaille d'or de la même Société et la grande médaille d'honneur de l'Exposition universelle ; en 1856, une médaille d'or de la Société d'encouragement pour l'industrie nationale, et, en 1858, la croix de la Légion d'honneur.

La Société d'encouragement a vu dans la belle découverte

de M. Champonnois la complète réalisation de ses vues, en ce qui concerne la création tant désirée d'industries annexes de la ferme, et c'est à l'unanimité qu'elle décerne à son auteur le grand prix fondé par M. le marquis d'Argenteuil.

M. Champonnois, Messieurs, doit être rangé à côté des hommes qui se distinguent par leurs vues toujours utiles et leur excellent sens pratique. Bien faible est le nombre de ceux qui, comme lui, ont su, par leur zèle soutenu, leur ardeur infatigable, leurs travaux persévérants et leurs vues honnêtes, faire accepter avec empressement une découverte féconde, dans tous ses résultats, pour l'agriculture, les populations rurales et la société !

DISTILLATION AGRICOLE

DE LA BETTERAVE,

SON ORIGINE,

SON ÉTAT PRÉSENT ET SON AVENIR.

La distillation de la betterave, telle que la pratique M. Champonnois, remonte à l'année 1853 : ses premières applications appelèrent l'attention de la Société impériale d'agriculture, qui espéra y trouver la solution d'un problème depuis longtemps posé, à savoir : l'introduction, dans la ferme, d'une industrie simple et facile, *favorisant énergiquement la production économique du blé, du bétail et des engrais, par la culture et le traitement des racines sucrées, notamment de la betterave.*

Une commission choisie dans cette Société lui présentait, le 8 mars 1854, par l'organe de M. Payen, son secrétaire perpétuel, un rapport où l'on remarque les passages suivants :

« M. Champonnois s'est proposé de rendre facilement « applicable aux besoins des grandes et petites exploita-« tions agricoles la distillation des betteraves.

« Les moyens qu'il a mis en usage pour atteindre ce but « reposent principalemement sur deux idées heureuses : ·

« 1º Extraire de la betterave, découpée en menue cossette,
« le jus sucré qu'elle contient, en le déplaçant par macéra-
« tion et endosmose, à l'aide de la vinasse d'une opération
« précédente, afin de rendre à la cossette les principes im-
« médiats, organiques et inorganiques, non enlevés par la
« fermentation et la distillation, c'est-à-dire *toutes les sub-
« stances autres que le sucre;* 2º assurer la marche régulière
« de la fermentation, sans consommation] habituelle de
« levûre, en faisant agir, d'une façon continue, une grande
« masse de levain, formée du liquide vineux lui-même, sur
« de faibles quantités de jus sucré, s'écoulant en mince filet
« dans les cuves pendant plusieurs heures.

« Vos commissaires ont vérifié le succès remarquable de
« ces dispositions nouvelles, et apprécié leurs utiles consé-
« quences pour la production de l'alcool, etc., etc. »

Après un exposé détaillé des opérations, le rapport continue en ces termes :

« On peut comprendre l'avantage de tels résultats, en
« considérant qu'aujourd'hui, dans un assez grand nombre
« de fermes, *on dépense presque autant* pour râper ou faire
« cuire les betteraves, les mélanger avec des fourrages ha-
« chés, et laisser fermenter ces mélanges pendant plusieurs
« jours, afin de rendre les fourrages secs plus profitables à
« la nutrition des animaux, qu'*il en coûterait pour les
« distiller.* La différence, dans ce cas, *est qu'on laisse perdre
« l'alcool, tandis que M. Champonnois le recueille avec
« profit.*

« Nous avons, d'ailleurs, été témoins de l'avidité avec
« laquelle les animaux mangent la cossette mêlée de four-
« rages, etc., etc.

« Vos commissaires pensent que le procédé de M. Cham-
« ponnois offre d'excellentes conditions pour introduire la
« distillation des betteraves dans les exploitations rurales,
« en réservant le résidu pour la nourriture des bestiaux.
« L'intérêt qui s'attache naturellement aux moyens nou-
« veaux d'accroître les travaux intelligents et les profits

« dans les fermes, en y annexant des industries bien
« appropriées ; l'opportunité même de cette innovation re-
« marquable, dans les circonstances fâcheuses où se trou-
« vent, depuis quelques années, nos cultures de pommes de
« terre et nos vignobles, nous engagent à vous proposer de
« donner votre approbation à l'intéressante communication
« de M. Champonnois, et de renvoyer ce rapport à la com-
« mission des prix et récompenses pour les améliorations
« agricoles.

« Signé PAYEN, *rapporteur.* »

À la suite de ce rapport, la Société, dans sa séance du
23 juillet 1854, a décerné à M. Champonnois sa médaille
d'or, et, aux trois premières distilleries montées, des médailles
d'argent.

Année 1855.

L'année suivante, une nouvelle commission, composée de
MM. Yvart, Boussingault, Payen, Pommier, Baudement, Delafond et Dailly, fut chargée de suivre les progrès de cette
nouvelle industrie, et un rapport de M. Dailly, présenté dans
la séance du 2 mai 1855, rend compte des travaux de seize
distilleries, y compris la sienne.

Voici quelques-unes des considérations générales de ce
rapport :

« La production, à bon marché, des céréales et de la
« viande a toujours été considérée comme étant le but prin-
« cipal de l'agriculture, et les encouragements de la Société
« n'ont jamais manqué à toutes les améliorations agricoles
« qui lui ont paru être de nature à faire arriver en France
« un pareil résultat... La culture de la betterave est l'un des
« meilleurs moyens ; elle nécessite des labours profonds, qui
« augmentent la masse du sol, et des nettoyages, qui l'ameu-
« blissent et le rendent propre à toute espèce de produc-
« tion... Mais cette culture est coûteuse, et l'on ne peut

« espérer une production économique de la viande, *si les*
« *animaux doivent supporter en entier le prix coûtant de*
« *la betterave* : heureusement, elle contient du sucre qui a
« une grande valeur en argent, soit comme sucre cristallisé,
« soit comme alcool... Mais la fabrication du sucre ne peut
« se généraliser dans les exploitations rurales ; elle doit,
« pour être lucrative, être exercée sur une grande échelle,
« avec une installation très-coûteuse ; *il n'en est pas de*
« *même de la distillerie,* qui peut toujours se proportionner
« à l'importance du domaine, qui est d'une conduite facile et
« n'exige que des avances relativement peu considérables.

« M. Champonnois s'est attaché, pour introduire la distil-
« lation dans la ferme, à trouver les moyens :

« 1° D'avoir un outillage simple, relativement peu coû-
« teux ;

« 2° De conserver la plus grande partie de la betterave
« pour la nourriture du bétail, point essentiel pour le culti-
« vateur ;

« 3° De traiter la betterave par un mode facile et peu dis-
« pendieux, procurant une bonne extraction de l'alcool. »

Suit la description de ces moyens et de la visite des seize
établissements, y compris celui créé par M. Dailly, lui-même,
dans sa ferme de Trappes, et dont il n'a, dit-il, qu'à se louer ;
et enfin, la conclusion : « Votre commission pense, Messieurs
« et chers confrères, qu'il résulte des renseignements qu'elle
« a recueillis que le procédé de M. Champonnois, sanctionné
« maintenant par deux années d'expérience,

« Est d'une application peu coûteuse ;

« Que la fabrication à laquelle il donne lieu est des plus
« simples ;

« Qu'il assure un bon épuisement de l'alcool, en donnant
« des pulpes très-favorables à l'alimentation du bétail ;

« Qu'il peut, avec grand avantage, être appliqué dans les
« exploitations rurales.

« Des esprits éminents se sont souvent préoccupés des
« moyens d'arriver à répandre, dans nos campagnes, les

« idées d'industrie, pensant qu'elles devaient développer
« chez nos ouvriers des champs le goût de la science, et
« leur faire comprendre les avantages des machines ; qu'elles
« pouvaient les amener à améliorer leurs méthodes de cul-
« ture, et à perfectionner eux-mêmes les outils qu'ils sont
« habitués à manier ; qu'ainsi il y avait là une source de
« progrès pour l'agriculture.

« L'application du procédé de M. Champonnois paraît à
« votre commission pouvoir être regardée comme un des
« moyens d'arriver à réaliser cette alliance intime de la
« science, de l'agriculture et de l'industrie depuis si long-
« temps désirée ; elle la considère comme méritant, principa-
« lement sous ce point de vue, tous vos encouragements. »

Au rapport de M. Dailly, fait suite une note de M. Delafond, professeur à l'école vétérinaire d'Alfort, membre de la
commission, traitant la question hygiénique. M. Delafond
constate l'état de santé très-satisfaisant des animaux nourris
à la pulpe de macération à la vinasse, dans les usines visitées ; il énonce et discute les raisons scientifiques qui con-
cordent avec ce résultat, et ses conclusions sont :

« Que les mélanges de fourrages et substances sèches,
« faits avec la pulpe Champonnois, lui paraissent devoir
« être préférés à la betterave, aux navets, aux carottes, aux
« pommes de terre, donnés crus et non fermentés aux bes-
« tiaux ; et enfin qu'en ayant soin de consulter l'état de santé
« du bétail avant de le mettre au régime de la pulpe, et de
« lui associer une proportion convenable d'aliments secs,
« suivant l'âge, l'espèce et l'état de maigreur ou d'embon-
« point des animaux, on est assuré de les conserver en
« bonne santé et de les engraisser avec facilité et éco-
« nomie. »

Conformément aux conclusions de ce rapport, la Société
décernait, dans sa séance du 29 août 1855, sa grande médaille d'or à M. Champonnois, et quinze autres médailles
d'or aux propriétaires des distilleries visitées.

Année 1855, Exposition universelle.

On lisait dans le *Moniteur* du 8 septembre 1855 l'opinion suivante au sujet des distilleries Champonnois, exprimée par la commission, visitant cette division de l'Exposition :

« Un modèle de distilleries de betteraves introduites dans
« la ferme nous a fourni l'occasion d'apprécier ce sys-
« tème, qui permet d'enrichir nos exploitations agricoles,
« en laissant dans les résidus de la macération des bette-
« raves la plus grande partie des matières nutritives, moins
« le sucre transformé en alcool et en acide carbonique : le
« lavage des betteraves découpées en rubans, en y em-
« ployant la vinasse au lieu d'eau, a résolu cet immense
« problème, en même temps qu'il a supprimé tous les incon-
« vénients de l'écoulement des vinasses dans les mares et
« fossés où elles se putréfiaient.

« Comme intérêt sanitaire, accroissement de la nourriture
« du bétail et production économique des engrais, cette mé-
« thode a une portée philanthropique immense ; aussi les
« agriculteurs l'ont-ils accueillie avec un tel empressement,
« qu'en moins de deux ans plus de cent établissements ru-
« raux, employant les appareils de macération, fermentation
« et distillation qui la réalisent, représentent un travail
« quotidien d'un million de kilog. de racines, soit 150 mil-
« lions de kilog. pendant une campagne de cinq mois. »

Quelque favorable que fût cette opinion des commissaires, elle pouvait à peine faire prévoir le résultat du vote des quatre commissions réunies, qui décerna au procédé Champonnois la plus haute récompense de l'Exposition : LA GRANDE MÉDAILLE D'HONNEUR.

Société d'encouragement.

*Commission composée de MM. Barral, Jourdier et Clerget,
rapporteur.*

Sur le rapport de cette commission, la grande médaille de cette Société fut décernée à M. Champonnois dans la séance solennelle du mois d'août 1856.

Nous n'extrairons de ce rapport qu'une considération agricole de premier ordre ; c'est la comparaison entre la quantité de résidu alimentaire fournie par les betteraves distillées suivant le système Champonnois et celle produite par les betteraves converties en sucre, ou distillées au moyen des râpes et presses, ainsi que cela se pratique encore sur une vaste échelle dans les départements les plus producteurs de betteraves.

« On doit surtout, dit M. Clerget, se fixer sur ce point
« très-important : alors que le procédé de l'extraction du jus
« par les presses, soit pour la fabrication du sucre, soit pour
« celle de l'alcool, ne laisse à l'agriculteur, pour la nourri-
« ture du bétail, que 20 pour 100 de pulpe à peu près, *et en-*
« *traîne la perte de tous les principes solubles* autres que
« le sucre, contenus dans les 80 pour 100 de jus que l'on sé-
« pare et que l'on soumet à la fermentation, la macération
« par les vinasses *conserve la totalité de la pulpe et lui*
« *rend ces mêmes principes*. Ainsi, avec l'extraction du jus
« par les presses, non-seulement ces principes ne sont pas
« utilisés, mais, de plus, les liquides qui les contiennent sont
« souvent une cause sérieuse d'embarras, sous le rapport de
« leur corruption facile et de l'odeur fétide qui s'en dégage,
« lorsqu'on se trouve obligé de les faire écouler sur la voie
« publique. »

Année 1856.

Troisième Commission instituée par la Société impériale et centrale.
Rapporteur, M. Baudement. — Séance du 6 août 1856.

On lit dans ce rapport :

« Il est inutile de rappeler ici en quoi consiste la méthode
« de distillation connue sous le nom de procédé Champon-
« nois. Les rapports de vos deux commissions précédentes
« ont clairement établi le but poursuivi par l'auteur, montré
« les moyens qu'il a imaginés pour l'atteindre, apprécié la
« simplicité et l'économie de l'installation du travail, le
« rendement élevé en alcool, la valeur des pulpes appli-
« quées à l'alimentation du bétail..... Tout serait dit
« sur ce système, si, dans une question aussi impor-
« tante et qui est principalement du domaine de l'avenir,
« la sanction de l'expérience pouvait être superflue.

« C'est cette sanction que nous demandons aux renseigne-
« ments que nous avons recueillis, soit en visitant les exploi-
« tations placées le plus à notre portée, soit en nous mettant
« en correspondance avec les cultivateurs-distillateurs plus
« éloignés, qui ont bien voulu répondre à notre appel. Notre
« enquête portera ainsi sur une vingtaine d'établissements
« tous dirigés par des hommes habiles, par des cultivateurs
« expérimentés. »

Il résulte des tableaux dans lesquels se résume l'enquête,
et qui se trouvent pages 32 et 40 du rapport de M. Baudement,

Que, sur seize distillateurs, le rendement moyen en alcool
a été de 4.19 pour 100 ;

Le rendement moyen en pulpe, de 76 pour 100 ;

Les frais de combustible par 1,000 kilog. de betteraves, de
1 fr. 55 c. ;

Les frais de main-d'œuvre et dépenses diverses par
1,000 kilog., de 4 fr. 53 c. ;

Qu'il y a unanimité sur la qualité des pulpes, leur emploi avantageux, la quantité et la qualité des engrais;

Que les expériences comparatives faites à l'école impériale d'agriculture de Grignon, sur la nourriture des vaches laitières à la pulpe ou à la betterave, ont donné pour résultat :

1° Augmentation sensible de la quantité de lait par la nourriture à la pulpe;

2° Amélioration de la qualité, environ 10 pour 100 de plus de produit en beurre;

3° Augmentation du poids des vaches, plus grande par la pulpe que par la betterave;

4° Embonpoint plus satisfaisant;

Que les expériences faites à Lieusaint sur la nourriture de deux lots de moutons, l'un à la luzerne, l'autre à la pulpe, donnent aussi à cette dernière un avantage marqué.

« Ces résultats, dit, en terminant, le rapporteur, comme « ceux qui ont été constatés dans le rapport de M. Payen et « dans celui de M. Dailly, justifient les espérances que vous « aviez conçues sur les services que la distillation des bette- « raves peut rendre à notre agriculture.

« L'heureuse influence de cette industrie, provoquant la « culture de la betterave où elle était jusqu'ici inconnue ou « impossible, et améliorant l'un par l'autre le bétail et le sol, « est aujourd'hui hors de toute discussion. Elle ressort de « tous les faits acquis à la suite de vos enquêtes; elle vient « d'être mise en lumière, avec des développements nou- « veaux dans un rapport fait à la Société centrale d'agricul- « ture de Belgique (1). Ce travail, où toutes les questions « pratiques sont bien analysées, établit la comparaison de « la distillation des betteraves avec l'industrie ordinaire du « pays, et montre que la betterave, traitée par les procédés « Champonnois, remplaçant le seigle pour la production de

---

(1) *Journal de la Société d'agriculture de Belgique*, mai 1856, pages 151-173.

« l'alcool et des résidus, *fournit, à surface égale, près de*
« *quatre fois plus d'alcool*, et au moins *six fois plus de sub-*
« *stances alimentaires pour le bétail,* tout en laissant la terre
« mieux préparée pour une production plus abondante de blé.

« Toutes ces heureuses conséquences, vous le reconnaî-
« trez cette année, comme vous l'avez fait les années précé-
« dentes, *sont assurées par l'emploi des procédés de*
« *M. Champonnois ;* et nos conclusions sur la valeur de ce
« système ne diffèrent en rien de celles qui ont été prises
« par les commissions antérieures, elles ajoutent seulement
« à celles-ci la sanction d'une année d'expérience de plus.

« Pour vous permettre d'apprécier le développement qu'a
« pris, en moins de trois années, l'application du système
« Champonnois, nous donnons, dans les annexes, un état,
« par département, des distilleries agricoles, au 1er juillet
« 1856. Il résulte de ce document qu'il existe en France
« 129 distilleries établies d'après ce procédé, pouvant tra-
« vailler, par jour, 1,443,500 kilog. de betteraves, et en
« Belgique, Suisse, Espagne, etc., 15 établissements sem-
« blables pouvant traiter 135,500 kilog. par jour ; c'est un
« total de 144 usines, employant, par jour, 1,579,000 kilog.
« de betteraves (1). »

Outillage simple :

Frais de fabrication réduits, se bornant, pour la main-
d'œuvre, au chargement des cuviers, à leur déchargement et
à la conduite de l'appareil ; pour le combustible, à la dépense
la plus faible qu'exigent les appareils les plus perfectionnés ;

Installation partout facile, puisque l'eau n'est pas nécessaire pour le travail, et que tout écoulement, au dehors, de
liquides putrescibles est supprimé ;

Application possible dans toutes les situations et pour
toutes les exploitations, quelle que soit leur importance,

---

(1) Au 1er juillet 1869 le nombre de ces établissements était de plus
de 450, pouvant distiller 500 millions de kilogr. de betteraves par
campagne.

grandes fermes isolées ou fermes de petite culture, formées en groupes;

Conservation de la plus grande somme de matière nutritive; maniement et transport facile des résidus;

Travail créé dans les campagnes, et y répandant l'esprit industriel, si nécessaire au progrès de l'agriculture.

« Tels sont, Messieurs, les avantages par lesquels le pro-
« cédé de M. Champonnois se recommande à la pratique, et
« sur lesquels nous nous appuyons pour vous demander de
« continuer à l'inventeur vos sympathies et vos encourage-
« ments. »

Société centrale d'agriculture de Belgique.

A l'appréciation qu'on vient de lire, par la science agricole française, nous pouvons ajouter celle des représentants de l'agriculture belge, manifestée dans de nombreux documents, mais que résume assez complétement une discussion ne manquant pas de solennité, et qui a occupé les séances des 12 mars, 9 et 26 avril et 14 mai 1860 de la Société centrale d'agriculture de Belgique. Il s'agissait de la loi, alors en projet, qui, pour supprimer les octrois communaux de ce pays, proposait de remplacer les 9,640,000 francs, produit de ces octrois, par un supplément d'impôt sur les brasseries, sucreries et distilleries belges.

La Société d'agriculture, pénétrée des conséquences fâcheuses, pour l'agriculture belge, de la loi projetée, y a fait une opposition énergique, et la discussion sur ce sujet contient, sur la culture et la distillation de la betterave par les divers procédés connus, des appréciations tellement intéressantes de la part des orateurs, tous cultivateurs, distillateurs de grains ou de betteraves, fabricants de sucre, etc., tous juges très-compétents, que nous croyons utile de les reproduire. M. Cloquet, chimiste distingué, distillateur de grains et de betteraves, a été le premier orateur entendu.

M. *Cloquet* : Messieurs, vous savez, sans doute, que, le 10 de ce mois, M. le ministre des finances a déposé, à la chambre des représentants, un projet de loi portant la suppression des octrois communaux. —

Si nous sommes tous disposés à applaudir à la réforme projetée, je ne pense pas qu'il en soit de même quant aux mesures proposées pour l'établir.

Ces mesures sont, en effet, trop préjudiciables aux intérêts ruraux, pour qu'il vous soit possible de les sanctionner, en votre qualité de mandataires de la Société centrale d'agriculture. Une simple citation suffira pour vous convaincre de cette vérité.

Pour combler le déficit que causera la suppression des octrois, M. le ministre propose une augmentation des droits d'accise sur la fabrication des eaux-de-vie indigènes.

Cette mesure, si elle était admise, serait la ruine des distilleries de betteraves, surtout de celles qui travaillent d'après le système Champonnois, le plus agricole et le plus répandu dans notre pays.

Pénétrée des avantages qu'offrent les distilleries de betteraves annexées aux fermes, la Société centrale avait déjà réclamé une loi d'accise plus équitable, qui permît le développement de cette industrie ; mais malheureusement le fisc n'a pas cru, jusqu'ici, pouvoir établir une distinction entre les distilleries de grains et celles de betteraves (système Champonnois). Il est cependant démontré que les rendements diffèrent de plus d'un litre par hectolitre de jus, en faveur de la distillation des grains, et comme les jus de l'une et de l'autre sont imposés sur la même base, il en résulte que le droit d'accise est notablement plus élevé pour la betterave (1).

---

(1) Pour comprendre le sujet en discussion, il faut savoir qu'en Belgique le droit d'accise sur les spiritueux se perçoit, non à raison

Cette situation va devenir des plus critiques, si le surcroît d'impôt proposé est voté par les chambres. Je pense même que le système Champonnois devrait être alors abandonné : un tel abandon serait la cause *d'une perte incalculable pour l'agriculture et le commerce*, sans profit pour le gouvernement.

L'agriculture perdrait une quantité considérable d'engrais, le système des râpes et presses ne donnant *qu'un quart en quantité de pulpe*, et d'une valeur *qui n'est pas double*, de celle provenant du système Champonnois. De là résulterait donc *une diminution de plus de moitié* dans la masse d'aliments que fournit le système Champonnois, actuellement en vigueur.

Le gouvernement est aussi intéressé que l'agriculture à la prospérité des distilleries qui rendent le plus de nourriture pour les bestiaux; l'abondance de ceux-ci, toujours subordonnée à la quantité d'aliments dont disposent l'éleveur et l'engraisseur, a pour première conséquence : *diminution dans le prix de la viande, augmentation des engrais et, par suite, des céréales* servant à la nourriture de l'homme.

Le commerce trouve aussi son profit dans la prospérité des distilleries de betteraves. Les alcools qu'elles produisent sont, pour la plupart, destinés à l'exportation, le genièvre de grain restant dans le pays pour la consommation locale.

D'après le nouveau projet de loi, le droit restitué à la sortie serait de 35 francs par hectolitre d'alcool à 50 degrés, tandis que l'accise payée par le système Champonnois serait

---

de l'alcool produit, mais sur la quantité du jus mis en fermentation et sans avoir égard à leur richesse relative. Ce mode de perception, tout défavorable qu'il était à la distillerie agricole, avait été supporté, non sans réclamation, jusqu'à la présentation du nouveau projet de loi; mais ce projet, ayant pour effet *de doubler le droit*, augmentant dans la même proportion la surtaxe indirecte dont les produits de la distillerie agricole se trouvaient grevés, place celle-ci, à l'égard des autres fabrications de spiritueux, dans une inégalité contre laquelle la Société centrale a énergiquement protesté.

de 40 francs, différence 10 francs par hectolitre d'alcool pur. Dans ces conditions, nous ne pourrions exporter, et, pour nous, l'impossibilité d'exporter entraîne celle de distiller. Distillateur de grains, beaucoup plus que de betteraves, j'ai surtout ici en vue l'intérêt général ; car, si une loi équitable, mieux en rapport avec les conditions de la distillation par le système Champonnois, venait encourager cette industrie, en la plaçant sur le pied d'égalité avec les autres, l'agriculture belge continuerait à trouver en elles un puissant auxiliaire de sa prospérité. On l'a dit souvent, la distillation des betteraves, annexée à une exploitation rurale, élève considérablement la production du sol, en augmente la fertilité et la valeur, et concourt, sous tous les rapports, à la solution du grand problème économique, *la vie à bon marché.*

Un membre demande que la réclamation proposée par M. Cloquet soit étendue aux sucreries.

M. *Daumerie :* Les sucreries ont, sans doute, de grands rapports avec l'agriculture, mais nous devons, je crois, accorder toute notre attention aux distilleries de betteraves comme ayant, pour l'industrie agricole, une importance bien autrement grande que les sucreries.

M. *Vandenbroeck :* appuie cet avis.

M. *de Possen :* Je ne saurais admettre l'opinion qui vient d'être émise. Je prétends qu'au moyen de sucreries on pourrait arriver au défrichement complet de toutes nos terres incultes. J'habite une contrée sablonneuse, où l'on ne peut rien obtenir sans de copieuses fumures. Je puis satisfaire à ces exigences, parce que je suis placé entre deux sucreries, où je me pourvois des aliments nécessaires pour une quantité de bétail suffisante à la production de tout l'engrais dont j'ai besoin.

D'un autre côté, j'ai lieu de croire que les pulpes de sucreries exposent les animaux à moins de maladies que les résidus de distilleries.

M. *Cloquet :* J'admets volontiers, avec l'honorable préopinant, que les résidus de sucreries sont très-bons pour l'alimentation des bêtes à cornes ; mais je ne saurais être de son avis quand il prétend qu'ils sont préférables, pour la production, aux pulpes provenant de la distillation Champonnois. *Ayant fait usage, pendant longtemps, de ces deux genres de nourriture, je crois pouvoir formuler mon opinion sur leur valeur relative. Eh bien, je ne crains pas d'affirmer que les pulpes des distilleries Champonnois ont, à mes yeux, une valeur double de celle que j'attribue aux résidus de sucreries, non pas à poids égal de pulpe, mais à poids égal de la betterave employée de part et d'autre.*

Parmi les orateurs entendus à cette séance, figure M. *Massez*, membre du conseil administratif. Après avoir longuement et victorieusement réfuté les arguments invoqués contre la culture de la betterave, qu'il prouve être une des plus heureuses innovations agricoles de notre époque, M. *Massez* traite de la question de la distillation de cette racine, qu'il pratique, concurremment avec celle des grains ; il établit la supériorité de la première sur la seconde, et arrive aux passages suivants, que nous croyons utile de citer :

« Ce que je puis affirmer, comme résultat d'expériences, c'est que le résidu de ma toute petite distillerie, quoique réduit de 25 à 30 pour 100 du poids de la betterave employée, depuis six ans que je l'ai annexée à ma ferme, m'a fourni, en tous temps, une alimentation abondante, bien préférable, sous tous les rapports, à l'emploi de la betterave et des navets crus, cuits ou fermentés directement avec mélange de fourrage. Je retrouve, dans mes résidus mélangés de balles de blé, d'avoine, de siliques de colza, etc., les mêmes caractères et conditions alimentaires que me donnait précédemment la betterave, avec une différence en moins très-considérable dans le prix de la ration des animaux. Au reste, comme on l'a fort bien dit, je retire en distillant ma betterave, par l'alcool qui en provient, un prix assez élevé pour m'indemniser de mes frais de culture, en conservant pour mon bétail une nourriture abondante et saine, qu'une longue expérience m'a fait reconnaître bien préférable à la betterave et aux navets crus. Cette faveur est non-seulement applicable à tous ceux qui, comme je l'ai fait, ont adopté une industrie annexée à leurs fermes, mais elle peut encore se porpager à l'infini ; en voici un exemple :

« Un membre de notre Société, mon voisin, et cultivateur dans notre localité, a, sur les données renfermées dans nos annales, essayé et reconnu l'efficacité de ce résidu dans l'alimentation de ses animaux. Dans le désir de se procurer une grande quantité de ce résidu, il me proposa, pendant la dernière campagne, de cultiver une certaine étendue de ses terres en betteraves, à condition d'obtenir toutes les pulpes qui en proviendraient et de partager avec moi par moitié les profits faits sur la vente des alcools, déduction faite des frais de fabrication et autres, impôts, etc.

« J'acceptai cette convention. Eh bien, veut-on savoir ce qui en est résulté en fin de compte ? J'ai remis à M. Ponette-Hautson, ici présent, et dont j'invoque le témoignage, plus de 43,500 kilog. de pulpes par hectare cultivé en betteraves, en même temps qu'une somme en argent de 353 fr. 50 c., en gardant pour moi pareille somme, soit ensemble déduction de tous frais, impôts compris, 707 francs par hectare, plus les résidus pour le producteur.

« Voilà le résultat de ce procédé Champonnois pour lequel j'ai soutenu tant de discussions dans les Annales de notre Société, discussions que j'ai abandonnées, persuadé que j'étais que le temps et l'expérience auraient fini par me donner gain de cause. Le premier établissement de ce système en Belgique, je suis fier de le dire, c'est moi qui l'ai créé ; 11 autres membres m'ont imité depuis, et c'est à notre collègue, M. Vandenbroeck, que nous devons d'avoir pris cette initiative ; n'oublions pas, en effet, Messieurs, que c'est ce dernier membre qui a été étudier en France le procédé que nous employons, et qui nous a engagés à l'appliquer à nos fermes. Nous avons donc, et moi tout le premier j'éprouve le besoin de le proclamer, le droit et le devoir de rappeler ce que nous devons à l'homme honorable qui soutient aujourd'hui nos intéréts, comme il les soutient depuis six années, c'est-à-dire avec conviction et désintéressement.

« On a encore produit, contre la culture et l'industrie des betteraves, un dernier argument; on s'est plaint de l'augmentation qui en était résultée, soit dans le prix des loyers, soit dans la valeur rurale des terres.

« Ce mal, si c'en est un, ne me semble pas bien grave, et l'on me paraît commettre une erreur en le signalant; car c'est aller directement à l'encontre du progrès agricole.

« Comment appeler un mal ce qui augmente à la fois la valeur de la propriété immobilière et les revenus du Trésor, conséquemment la richesse nationale?

« Je veux bien admettre que l'on se trompe de bonne foi, mais il n'en est pas moins exact qu'il résulte du fait en question un bien-être général que l'on ne saurait contester. »

EXTRAIT DU BULLETIN

DES

TRAVAUX DU COMICE AGRICOLE

DE L'ARRONDISSEMENT DE BÉTHUNE

POUR L'ANNÉE 1859.

Frappés des plaintes que nous avons souvent entendu formuler par nos cultivateurs du haut pays sur leur éloignement des fabriques et sur l'impossiblité où ils se trouvent de profiter des avantages que la culture de la betterave procure à tout le reste de l'arrondissement, nous nous sommes demandé si la distillerie agricole, telle qu'on la pratique dans les environs de Paris, ne pourrait pas remplir le but désiré, et, dans cette pensée, nous avons consulté notre membre correspondant, M. Hette, directeur de la Société agricole et sucrière de Bresles, qui s'est empressé de nous transmettre les détails suivants, qu'on lira comme nous, sans doute, avec le plus vif intérêt.

MON CHER COLLÈGUE,

Vous me faites l'honneur de me consulter sur une question agricole de la plus haute importance, concernant un des produits essentiels de notre arrondissement, la betterave, base de tout progrès, récolte aussi intéressante sous le rapport de son débouché et du prix qu'elle rapporte au cultivateur que sous celui de son influence sur l'amélioration du sol et sur l'accroissement de nourriture pour le bétail.

Votre préoccupation pour l'intérêt des cultivateurs est donc très-fondée, et en cherchant à vous renseigner sur la distillation dans la ferme par le procédé Champonnois, dont le succès est général et le développement très-grand, excepté dans les départements sucriers, je crois que vous êtes dans la bonne voie, et qu'un grand nombre de vos localités peuvent y trouver une ressource des plus profitables.

Pour vous donner mon appréciation sur cette matière, je n'ai besoin que de consulter mon expérience propre de cinq années, et ce que j'ai vu dans beaucoup d'autres distilleries de moindre importance que j'ai visitées. Cette petite industrie de la ferme a eu, comme toutes les autres, ses difficultés au début : le travail était un peu compliqué, les appareils coûteux et les pratiques des opérations pas encore assez fixées pour qu'on pût les confier à des ouvriers agricoles. Maintenant elle est devenue familière dans tous les centres où ces établissements fonctionnent depuis plusieurs années, et l'expérience a réduit les conditions du travail à des éléments simples, accessibles à toutes les intelligences.

Cette facilité aura bien son importance à vos yeux ; mais ce qui vous intéressera le plus, ce sont les chiffres qui constatent la valeur de l'opération.

La richesse de la betterave étant très-variable, le rendement en alcool suit nécessairement ces variations ; mais on peut admettre, en général, qu'avec la betterave cultivée pour les sucriers ce rendement est, en moyenne, de 4 1/2 pour 100. Il ne faut pas perdre de vue que, pour obtenir ce rendement, on emploie la betterave entière ou légèrement décolletée, comme la recevaient autrefois les fabricants de sucre. Les cultivateurs auraient tort d'agir autrement, car le collet, quoique moins riche, contient toujours du sucre dans une certaine proportion, qui profite à la distillerie ; bien loin d'avoir le même inconvénient que dans la fabrication du sucre, la nourriture qui en provient est même supérieure à celle du corps de la betterave, en raison des matières salines et azotées qu'il renferme.

Le produit de la betterave, compté pour la distillation, est

donc supérieur de 1/6 à celui qui est compté pour la sucrerie.
Il est vrai que les collets séparés à l'arrachage ne sont pas
perdus, et que les moutons qui parcourent les champs après
la récolte en profitent; mais mon observation n'en a pas moins
son importance, les moutons, à cette époque de l'année, ayant
souvent de la nourriture au delà de leurs besoins. L'alcool
obtenu à la ferme n'est pas livrable à la consommation; ce
sont des flegmes qui se vendent à des établissements chargés
de les rectifier et de les vendre au commerce. Dans cet état,
c'est un article très-recherché et qui se vend d'ordinaire pour
toute la campagne, et payable comptant, à un rectificateur,
avec une diminution de 15 à 20 francs par hectolitre sur le prix
de l'alcool (1), coté par tous les journaux; cet écart est pro-
portionnel à la distance de la gare du chemin de fer, du canal
ou de la distillerie voisine où l'acheteur fournit ses tonneaux
et prend livraison. Les quantités en litres sont indiquées par
les acquits d'expédition fournis par la régie, et le vendeur
n'est obligé à aucuns soins ni déplacements.

Le second produit, plus important peut-être que le premier
pour le cultivateur, c'est le résidu, la pulpe, qui est d'un emploi facile et avantageux sous plusieurs rapports : on l'obtient
à raison de 70 pour 100, même 80 quand on a soin de ne rien
laisser perdre de l'égouttage, à l'aide de menus fourrages,
balles de battage, siliques de colza, pailles hachées, etc.
Tous ces débris mélangés avec les résidus, au sortir des cuviers de macération et pendant qu'ils sont encore chauds,
absorbent rapidement l'excès d'humidité des résidus; et, en
laissant cette masse ainsi mélangée déposée dans des cases
spéciales, une seconde fermentation s'établit : 24 ou 30 heures
après, cette nourriture est prête pour les animaux et elle
exhale une odeur vineuse qui leur plaît.

---

(1) Depuis plusieurs années, l'écart du prix de rectification est
descendu au-dessous de 10 francs par hectolitre d'alcool, et même,
dans certaines localités, il n'est que de 7 à 8 francs.

Cette pulpe s'emploie donc comme celle de sucrerie : je ne les comparerai pas, l'une et l'autre, par des chiffres ; mais, comme la macération donne quatre fois plus d'une même quantité de betteraves, il ne peut rester le moindre doute que la somme de nourriture ne soit énormément supérieure à celle produite par la sucrerie. Il est inutile de vous prémunir contre l'analogie qu'on pourrait lui supposer avec les résidus de la macération à l'eau. Justement repoussés, ces derniers ont perdu, par le lavage, toute qualité nutritive ; tandis que la pulpe de vinasses renferme toutes les matières alimentaires de la betterave, améliorées par la cuisson, sauf le sucre.

L'expérience a démontré que cette alimentation est propre à tous les besoins de l'agriculture : engraissement, élevage, bêtes de travail, vaches à lait, bien entendu avec des soins convenables et rationnels dans les mélanges, dans la proportion des rations, partout les résultats ont été satisfaisants.

Une question non moins importante, c'est la dépense du montage de l'usine et les frais de la fabrication. Tous les systèmes peuvent donner de l'alcool, et donner tout ce que contient la betterave ; mais je n'ai pas à m'occuper des autres que je connais, que j'ai pratiqués ou vu pratiquer, puisque vous demandez mon opinion sur celui que j'ai adopté et que je suis depuis cinq ans.

Une distillerie de l'importance de 7 à 8,000 kilogrammes en douze heures, ou 15 à 16,000 kilog. en vingt-quatre heures, comme j'en ai vu plusieurs montées par M. Champonnois, dans les environs de Paris, où on les compte par centaines, coûte environ 15,000 francs, sans les bâtiments, prête à marcher.

La fabrication demande trois ouvriers pour laver la betterave, la couper, charger et décharger les cuviers, surveiller la fermentation, conduire l'appareil et préparer les mélanges de pulpes et menues pailles. Avec ce personnel, la betterave leur ayant été amenée à pied d'œuvre, la nourriture est toute préparée et n'a plus qu'à être distribuée par les bergers et les vachers.

La dépense de combustible est de 25 à 30 kilog. de houílle pour 1,000 kilog. de betteraves, pour la distillation seulement, avec un manége qui est mû par un cheval ou par des bœufs.

Le surplus de la dépense consiste dans les menus frais ordinaires de levûre, acide ou sel, dégras, éclairage, etc.

Encore quelques considérations qui, pour être secondaires, n'en ont pas moins leur importance.

C'est d'abord l'indépendance que cette industrie assure au cultivateur. Il est maître chez lui, n'a plus à lutter contre les difficultés de la livraison et du payement de ses betteraves, à fatiguer ses attelages pour les transports à toutes les distances, par les mauvais chemins de l'hiver, etc.

C'est ensuite la conservation, à la ferme, de ses meilleurs ouvriers, qu'autrement il est exposé à se voir enlever par l'industrie pendant le chômage forcé de la mauvaise saison, et souvent pour ne plus les revoir.

Emploi d'eau à peu près nul. Point de liquides à rejeter au dehors, ce qui est, dans les autres systèmes, une source de difficultés avec le voisinage et les autorités.

Recevez, je vous prie, cher collègue, mes saluts les plus affectueux.

HETTE F.,

Fabricant de sucre et distillateur,

A BRESLES (Oise).

EXTRAIT

DE LA

REVUE D'ÉCONOMIE RURALE

DU **20** DÉCEMBRE **1860.**

Lettre de M. de Bontin de Saint-Sauveur (Yonne), du 1ᵉʳ décembre 1860.

Rendement des betteraves à la distillation et résultat des pulpes dans l'alimentation du bétail.

Un mot sur la récolte de betteraves de cette année, dont personne ne parle; cependant elle vaut bien la peine qu'on s'en occupe. Depuis sept ans que je distille par le procédé Champonnois, je n'ai pas encore rencontré des betteraves d'aussi bonne qualité.

Je suis à mon quinzième jour de travail, et ma moyenne de rendement, avec 2,800 kilog. par jour, est de 150 litres à 100 degrés, c'est-à-dire plus de 5 pour 100.

Je ne sais si, par d'autres procédés, on peut obtenir des résultats supérieurs; mais je doute qu'on le fasse avec aussi peu de frais.

Mais je ne puis vous cacher ma surprise sur ce que je lis et entends dire sur la qualité des pulpes, et leur fâcheuse influence sur la santé des animaux.

Depuis sept ans que j'ai établi une distillerie Champonnois, je me suis servi des pulpes non-seulement pour l'engraissement d'animaux de boucherie, mais aussi pour entretenir mon troupeau de brebis sédentaires, et jamais ni elles ni leurs agneaux ne s'en sont mal trouvés, tout au contraire.

C'est chose remarquable que la bonne apparence des animaux qui font alternativement usage de fourrages secs et de pulpes de betteraves.

J'ai employé ces pulpes en plus grandes doses peut-être qu'il n'eût fallu le faire, n'ayant pas assez d'animaux pour consommer toutes les miennes ; et cependant je puis affirmer qu'il n'est résulté aucun inconvénient de cette surabondance, ni pour mes brebis nourrices, ni pour leurs agneaux, ni pour mes vaches laitières, dont la plupart étaient chez moi avant l'établissement de ma distillerie.

Quant aux animaux engraissés chez moi et livrés à la boucherie, ils ne sont jamais sortis sans avoir atteint un état parfait d'engraissement, et les résultats seraient un démenti bien formel à ceux qui ont allégué que, par ce mode de nourriture, on portait atteinte à la santé des animaux, dont les organes le témoignaient, disait-on, par des lésions constatées chez le boucher.

Toutes les boucheries de mes environs, et particulièrement celles d'Auxerre, pourront témoigner de la fausseté de cette assertion. Ce n'est pas que je veuille dire que l'on puisse nourrir ou engraisser convenablement des animaux *avec les pulpes seules ;* mais le pourrait-on et l'essayerait-on seulement *avec les racines seules ?* Ce que je dis, c'est qu'en employant avec discernement les pulpes de la macération à la vinasse, système Champonnois, et en y ajoutant d'autres aliments plus substantiels, on procure à ces animaux un bien-être incontestable ; ils s'assimilent ainsi avec économie les divers aliments dont on a fait usage, ce qui n'arrive pas lorsqu'on n'a pas alterné avec cette sorte de pulpes.

C'est avec intention que je dis pulpes *macérées à la vinasse,* car les animaux font une grande différence avec celles *macérées à l'eau.*

Cette année, non-seulement les betteraves sont plus riches en sucre, mais elles produisent des pulpes supérieures en qualité, peut-être, à celles des années précédentes.

J'attribue cette supériorité de qualité aux bonnes fermentations que l'on obtient, fermentations qui, elles-mêmes, dérivent de la qualité et de la richesse des jus.

En résumé, je dois à la vérité de dire que les avantages de ma distillerie, pour l'équilibre et l'harmonie de toute ma culture, ont dépassé de beaucoup tout ce que j'en attendais.

J. DE BONTIN.

Distillation des grains et des pommes de terre.

Cette industrie, qui alimente de spiritueux la plus grande partie de l'Europe, n'a pas, en France, une grande importance et ne paraît pas susceptible de s'y développer davantage dans l'avenir.

On verra plus loin à quel point elle est peu agricole et inférieure, sous ce rapport, à la distillation des racines. Au point de vue commercial, les céréales, presque toujours assez recherchées pour l'alimentation de l'homme, obtiennent, en général, en France, un prix trop élevé pour qu'il y ait grand profit à les convertir en alcool ; et, alors même que le prix de vente de ce dernier produit laisse sur ce travail un bénéfice plus ou moins restreint, c'est toujours une opération d'une durée précaire, par l'instabilité dans les prix de la matière première qui la rend plutôt industrielle qu'agricole, et la soumet ainsi à des chances aléatoires assez grandes.

On distille les grains en France dans un petit nombre d'établissements industriels et dans quelques fermes des départements limitrophes de la Belgique et de l'Allemagne ; mais ce travail ne produit que des eaux-de-vie et des genièvres à 50 degrés, qui entrent directement dans la consommation, à des prix plus élevés que celui de l'alcool à 90 degrés.

Le prix de revient moyen de l'alcool de grains peut s'établir ainsi qu'il suit :

On compte généralement qu'il faut, pour obtenir un hecto-

litre d'alcool à 90 degrés, 280 kilog. de seigle ou d'orge, et
60 kilog. d'orge maltée.

Les frais de fabrication, rectification, fût, frais généraux et
amortissement, se comptent à 30 fr. par hectolitre au minimum, et la valeur du résidu à 5 fr. par 100 kilog. de grains
distillés, soit, pour 340 kilog., 17 fr. par hectolitre d'alcool
obtenu.

Appliquant ces bases à un prix moyen des grains, 18 fr.
les 100 kilog., on trouve :

```
280 kilogr. grains à 18 fr. les 100 kilogr. . . . .   50 fr. 40 c.
 60    —     orge maltée à 25 fr. . . . . . . . .     15     »
Frais comme ci-dessus. . . . . . . . . . . . .        30     »
                                                    ─────────────
                                                      95 fr. 40 c.
         A déduire, valeur du résidu. . . . . . .     17     »
                                                    ─────────────
Prix de revient de l'hect. d'alcool à 90°. . . . .    78 fr. 40 c.
```

M. de Wilde, distillateur belge très-expérimenté, estime le
rendement un peu moins fort.

D'après le compte de fabrication publié par lui, 100 kilog.
seigle de première qualité produisent 50 litres d'alcool à
50 degrés, ce qui nécessiterait 400 kilog. pour un hectolitre
d'alcool à 50 degrés, au lieu de 340 kilog.

La Société centrale d'agriculture de Belgique (expériences
de 1856) estime que 1,500 kilog. de seigle fournissent
825 litres d'alcool à 50 degrés. C'est 364 kilog. par hectolitre,
au lieu de 340.

Voici, d'après **M.** Lacambre (p. 350, édit. de 1856), le prix
de revient de l'alcool de genièvre à 50 degrés, dans une importante distillerie belge, en 1851 :

```
Une cuve de 240 kil., matière farineuse à 15 fr. les 100 kil.   36 fr.
Produit, avec une dépense en combustible, main-d'œuvre
   et frais généraux. . . . . . . . . . . . . . . . . . . . . .  10 fr.
                                                              ──────────
                        TOTAL. . . . . . .   46 fr.
```

34 litres de genièvre à 50 degrés ressortant à 35 c. le litre

soit 70 fr. l'hectolitre à 100 degrés non rectifié. Ajoutant, pour rectification et fût, 16 fr. par hectolitre, on trouve, pour le prix de l'hectolitre à 100 degrés rectifié, 86 fr.

Dans ce compte ne figure pas la valeur du résidu ; mais, comme le prix de 15 fr. pour 100 kilog. de matières farineuses est inférieur au prix moyen de 3 à 4 fr., on voit que le prix de l'hectolitre d'alcool est au moins égal à celui de 87 fr. 40 c. indiqué ci-dessus.

Le côté faible de cette opération, c'est son caractère peu agricole, malgré sa pratique si répandue dans l'Europe du Nord, et son infériorité, sous ce rapport, comparativement à la distillation de la betterave.

Cela est établi par la discussion dans le sein de la Société centrale d'agriculture de Belgique, dont nous avons donné plus haut des extraits. La pétition adressée à cette occasion à la Chambre des représentants de Belgique par cette Société contient, en effet, les lignes suivantes :

« En résumé,

« Les distillateurs de grains peuvent engraisser, moyen
« nement, *une tête* de bétail par chaque hectare de grains
« consacré à la distillation.

« Les distillateurs de betteraves, par le système des râpes
« et presses, peuvent engraisser *une tête et demie* par hec
« tare.

« Les distillateurs agricoles de betteraves, par le système
« Champonnois, peuvent engraisser *trois têtes* par hectare.

« Eh bien ! ce sont les établissements qui rendent de si
« grands services à la nation tout entière que le projet de loi
« menace, tous dans leurs intérêts et quelques-uns dans leur
« existence même, car, par une anomalie qui n'est pas sans
« précédent dans notre régime fiscal, ce sont *les distilleries*
« *les plus agricoles, celles du système Champonnois, qui ont*
« *toujours été le plus fortement grevées.* »

Enfin une nouvelle preuve de l'insuffisance de la distillation des grains pour assurer la prospérité de l'agriculture ressort de la réponse de la Société d'agriculture de Valenciennes ; aux questions posées par la commission d'enquête de l'Assemblée nationale, on lit ces mots :

« Le point de départ de nos progrès agricoles a été la cul-
« ture des betteraves ; c'est elle qui a créé notre situation,
« *qui l'aurait faite malgré nous-mêmes* ; c'est elle qui nous
« a forcés à doubler notre bétail, à l'améliorer, à l'engrais-
« ser ; c'est elle qui nous a appris à cultiver.

« De 1822 à 1832, l'agriculture du Nord était en déca-
« dence ; de 1842 à 1849, il y a eu une progression mar-
« quée, *à cause de la culture de la betterave*. La masse de nos
« engrais a doublé depuis cette époque ; la production des
« céréales a également doublé depuis vingt ans...... Nous
« devons à la pulpe de betteraves le moyen d'entretenir, à
« peu de frais, un plus grand nombre de bestiaux, etc. »

Or, à cette époque, de 1822 à 1832, il n'existait dans le Nord d'autre industrie agricole que la distillation des grains, qui y était très-répandue.

En résumé, on peut conclure, de tous les documents qui précèdent, que le prix de revient des alcools de grains est d'environ 80 fr. l'hectolitre à 90 degrés, lorsque la matière première (les farineux) est, à son prix moyen, de 18 fr. les 100 kilog., et qu'au-dessous de ce cours de l'alcool la fabrication, même accidentellement favorisée par le bas prix des grains, verrait encore diminuer sa faible importance ordinaire.

Toutefois, la distillation d'une certaine quantité de grains en mélange avec les jus de betteraves ou de topinambours peut présenter un avantage réel, quand les céréales descendent à un prix suffisamment bas.

On augmente, par ce moyen, le rendement en alcool de chacune des matières, sans augmenter les frais de fabrication.

Les deux opérations se favorisent mutuellement, l'adjonction de farineux ne faisant qu'enrichir les jus de betteraves, sans en augmenter sensiblement le volume, ni, par conséquent, les frais de combustible et de distillation.

Les fermentations, par cette adjonction de substances azotées, acquièrent une plus grande activité, et les pulpes de betteraves se trouvent aussi améliorées d'une façon sensible.

Distillation de mélasses en mélange avec la betterave.

Les distillateurs voisins de fabriques de sucre trouveront également un grand avantage à mélanger à leurs jus de betteraves une certaine quantité de mélasses (20 à 25 kilog. par 1,000 kilog. de betteraves) pour la distillation.

Cette addition présente plusieurs avantages :

1° La quantité de mélasse ajoutée ne donne lieu à aucuns frais supplémentaires, la quantité de vins à distiller n'étant pas sensiblement accrue : leur richesse seule est augmentée.

2° La manipulation consiste à verser, en un petit filet, dans la cuve la plus anciennement en fermentation, la quantité voulue de mélasse. Elle trouve, dans le jus de betteraves, un excès de ferment suffisant, et entre immédiatement en fermentation.

3° Le travail de la betterave se trouve amélioré probablement par l'énergie plus grande qu'ont acquise les vinasses pour la macération, et le rendement propre de la betterave en alcool est augmenté.

4° Au point de vue agricole, la qualité des pulpes se trouve aussi améliorée par cette addition, dans la vinasse, des matières grasses et salines de la mélasse.

Distillation agricole des betteraves.

Elle est décrite assez exactement dans le *Bon Fermier* de M. Barral, année 1870, page 591 et suivantes, pour que nous jugions inutile de refaire cette description, qu'on lira ci-après.

EXTRAIT

DU BON FERMIER

Par M. BARRAL

et une réunion d'agronomes.

Année 1870, page 591 et suivantes.

Le système de distillation de M. Champonnois, qui est le plus usité en France, puisqu'il y compte plus de 450 usines en activité, repose sur un principe qui le rend essentiellement agricole, *la macération à l'aide des vinasses.*

Cette opération a pour but d'extraire de la betterave, découpée en menue cossette, le jus sucré qu'elle contient, en le déplaçant par macération et endosmose, au moyen de la vinasse d'une opération précédente, afin de restituer à la cossette tous ses principes immédiats organiques et inorganiques autres que le sucre.

Une usine installée d'après ce système comporte un laveur, un coupe-racines, des cuviers de macération, des cuves de fermentation, deux ou trois pompes, un appareil à distiller pour les moûts clairs, et un moteur, manége, roue hydraulique, ou locomobile à vapeur, pour mettre ces ustensiles en mouvement.

Les betteraves étêtées sont jetées dans un laveur mécanique ordinaire, afin de les débarrasser de la terre adhérente, opération essentielle pour la bonne marche des travaux.

Au sortir du laveur, les betteraves sont jetées dans un

coupe-racines qui les débite en rubans de 2 millimètres d'épaisseur environ.

M. Champonnois emploie aujourd'hui un coupe-racines de son invention qui permet d'obtenir un découpage très-rapide avec une grande régularité. Le principe de cet instrument est tout différent de celui des coupe-racines adoptés jusqu'à présent. Les lames sont fixes et placées sur la circonférence d'un tambour en fonte. La betterave, introduite par une trémie, reçoit un mouvement rapide de rotation, au moyen de deux bras qui l'obligent, par l'effet de la force centrifuge, à venir se présenter à l'action des dents des couteaux. Cet instrument permet de couper des tubercules de toutes sortes, et en particulier le topinambour, qui, en raison de sa forme arrondie, roulait sous l'effort du disque ou du tambour tournant des anciens coupe-racines.

Au fur et à mesure du découpage et pour prévenir toute altération des cossettes, on fait couler dans l'intérieur même du coupe-racines un petit filet de jus faible contenant une dissolution de sel marin : et, de temps en temps, on les arrose aussi avec du jus acidulé à raison de 2 kilog. d'acide sulfurique dans 30 litres de jus environ, par 1,000 kilog. de betteraves.

Cette dose d'acide est variable, suivant la saison pendant laquelle on travaille, l'état de propreté des betteraves, et la nature du sol qui les a produites.

Les cossettes acidulées sont chargées à la pelle dans les cuviers de macération ; on a soin de les disposer de préférence contre la circonférence.

Une fois le cuvier rempli, on y verse le jus faible provenant du dernier cuvier épuisé, puis la vinasse bouillante sortant de l'appareil à distiller, laquelle chasse dans les cuves de fermentation les jus ainsi macérés : on s'y prend de même pour le deuxième et le troisième cuvier.

Dans les distilleries le plus généralement usitées, on emploie trois cuviers de macération en bois, contenant chacun 2,000 kilog. de betteraves, que l'on remplit alternativement toutes les trois heures, de sorte que l'on y opère sur huit cuviers, ou 16,000 kilog. de betteraves en vingt-quatre heures.

On peut n'opérer à volonté que sur quatre cuviers ou 8,000 kilog. seulement, en supprimant le travail de nuit, ce qui est facile, au moyen de certaines précautions qui consistent à remplir de vinasse le bâc à jus faible avant la fin de la journée, et à régler l'ouverture de son robinet de manière que son écoulement dure toute la nuit sur un des cuviers qui est resté rempli de cossettes et dont le jus entretient la fermentation des cuves; on peut même n'opérer que sur trois cuviers ou 6,000 kilog., dans la journée.

En procédant ainsi, la durée effective du coulage de chaque cuvier est de six heures au moins, non compris le temps du chargement, déchargement, etc. Cette durée est bien suffisante pour arriver à un épuisement satisfaisant avec un coulage de jus de 130 à 140 pour 100 au plus du poids de la betterave, proportion qui correspond à une température moyenne de 25 degrés dans les cuves de fermentation.

Un autre principe constitutif du procédé Champonnois réside dans *la fermentation continue*. Cette opération qui consiste à faire couler, d'une manière continue, une quantité de jus sucré, relativement très-petite, dans une grande masse de liquide, en pleine fermentation, exerce la plus heureuse influence sur la régularité des fermentations, et dispense d'employer, chaque jour, une nouvelle quantité de levûre fraîche, comme dans les autres systèmes. Le recours à la levûre n'est nécessaire que pour obvier à des accidents de fermentation qui sont fort rares, si l'on apporte dans le travail les soins nécessaires.

La pulpe, au sortir des cuviers de macération, représente environ 75 pour 100 du poids de la betterave. Elle est immédiatement mélangée avec des menues pailles ou balles de céréales, des pailles hachées, des fourrages secs ou avariés, dans la proportion de 5 à 10 pour 100 de son poids, suivant la quantité dont on peut disposer : après une fermentation de vingt-quatre à trente heures avec cette pulpe humide et chaude qui a ramolli ces fourrages secs, ce mélange, qui répand une odeur vineuse très-agréable, est administré au bétail.

La ration journalière est généralement d'environ 10 pour 100 du poids vif de l'animal, pour les bêtes d'entretien; même ration pour les bêtes à l'engrais, avec complément de tourteaux oléagineux, de foin ou de céréales; mais cette ration doit être de beaucoup réduite pour les jeunes bêtes d'élevage, en ayant soin de l'augmenter progressivement, au fur et à mesure qu'elles deviennent adultes.

Ces pulpes se conservent très-bien en silos, soit pures, soit préférablement mélangées avec des menues pailles ou fourrages hachés : ces derniers, en absorbant l'excès d'humidité de la pulpe, empêchent la diminution du poids qui résulte de l'égouttage quand elle est ensilée à l'état pur : le mélange forme un tout homogène, convenablement fermenté, prêt à être administré au bétail, au sortir des silos. Ce mode, qui présente, en outre, l'avantage de pouvoir entretenir le bétail toute l'année, sans changer de nourriture, est déjà adopté avec grand succès dans plusieurs fermes, où l'on a établi, à cet effet, des silos permanents en maçonnerie et couverts pour les mettre à l'abri de la pluie.

Du topinambour.

La culture et la distillation du topinambour peuvent rendre quelquefois de très-grands services dans une exploitation agricole, en ce sens que là où la betterave ne donnerait que des récoltes très-faibles, dans les sols excessivement sablonneux, et encore dans les contrées méridionales où la betterave souffre souvent de la trop grande chaleur, le topinambour donne encore des produits rémunérateurs.

On a vu, dans ces circonstances, au moyen de la distillation de cette plante, arriver à améliorer, économiquement et dans un temps assez court, des terres jusque-là presque improductives, par la nourriture abondante et la quantité d'engrais que fournissait le topinambour : peu à peu, ces terres défoncées et améliorées sont devenues propres à rapporter de la betterave et du froment au lieu de seigle.

Le topinambour se travaille exactement comme la betterave ; il est très-riche en alcool, et peut donner au distillateur un produit net très-satisfaisant.

Prunay-le-Gillon, 1er mars 1869.

MONSIEUR LE DIRECTEUR DU JOURNAL L'*UNION AGRICOLE* DE CHARTRES.

Nous avons lu, avec beaucoup d'intérêt, l'article que vous avez consacré au projet de la création d'une sucrerie à Voves.

Nous souhaitons, de tout cœur, bonne chance à notre grand confrère, et nous engageons surtout les cultivateurs voisins à profiter de cette circonstance pour se livrer à la culture de la betterave, culture d'autant plus nécessaire, qu'elle a besoin de remplacer celle des prairies artificielles, dont il n'est pas niable de voir les rendements diminuer de plus en plus.

Mais, dans cet article, monsieur le directeur, il ne fallait pas avancer que le Nord s'épuise, puisqu'au contraire ses départements ouvriront la prochaine campagne avec huit grandes nouvelles usines, dont une seule devra fabriquer 120 millions de kilog. de betteraves, produit de 3 à 4,000 hectares. (*Journal des fabricants de sucre* du 18 février 1869.)

Il ne fallait pas dire non plus que l'industrie sucrière offre à la culture plus d'avantages que la distillerie betteravière; aussi, monsieur le directeur, permettez-nous, dans l'intérêt général, d'emprunter les colonnes de votre journal si répandu, pour rétablir la vérité à l'aide de quelques chiffres, et jeter un peu de lumière sur cette question d'un aussi grand intérêt.

Dans l'état actuel de la Beauce, ce serait s'abuser étrangement de croire que, tout d'un coup, elle consente à abandonner son *cher* assolement triennal pour suivre celui de quatre ans, cependant plus rationnel ; c'est à peine si on peut espérer la faire consentir à la conversion de la moitié de sa sole fourragère en celle betteravière.

C'est donc dans ces conditions, qui sont les seules à obtenir aujourd'hui, que nous allons traiter cette question.

On a considéré pendant longtemps comme culture améliorante celle des prairies artificielles ; mais à voir ce qui se passe aujourd'hui, à voir le rendement de cette culture diminuer de plus en plus, on commence à reconnaître qu'elle est plutôt épuisante, en enlevant au sol une très-grande quantité de matières minérales qui ne se reconstituent pas. Isidore Pierre, le célèbre chimiste de la Société d'agriculture de Caen ; Georges Ville, le novateur qui fait aujourd'hui tant de bruit ; le savant professeur, M. Heuzé, dans les cours qu'il faisait à Chartres, ont donné l'analyse de ces matières enlevées au sol et se chiffrant par une valeur argent de 2 à 3 francs par 100 kilog. de prairies artificielles sèches, soit en moyenne 2 fr. 50 pour 100. Or, connaissant d'une part ces premiers frais de l'engrais enlevé à la terre, et, d'autre part, la récolte moyenne qu'on ne peut évaluer aujourd'hui, pour les deux coupes de prairies, à plus de 50 quintaux métriques par hectare, on trouve qu'avec l'addition des autres frais consistant en fermage, frais généraux, fauchage, rentrage et bottelage, le prix de 100 kilog. de prairies sèches ou du quintal métrique revient à 6 francs (1).

---

(1) Détail des frais de culture sur un hectare de prairies.

FRAIS FIXES :

Loyer de la terre, impôts et frais généraux.	100 fr.
Ensemencement, graines et hersage.	20
Fauchage, fanage et emmeulage de la 1re coupe.	25
— — 2e coupe.	15
Total des frais fixes.	160 fr.

L'établissement de ce chiffre est d'une très-grande importance pour les comptes qui vont suivre, puisqu'il s'agit de
remplacer la moitié de la sole fourragère par de la betterave,
seule culture possible pour pouvoir entretenir dans de bonnes
conditions hygiéniques un bétail suffisant à une bonne production de fumier, et qu'il s'agit aussi de le mettre en paral-
lèle avec le prix de revient de la betterave.

Au cultivateur la mission, sachant que 100 kilog. de prairies
sèches lui reviennent à 6 francs (1), d'en faire l'emploi le plus
avantageux, soit en produisant de la laine ou du lait, soit en
produisant de la graisse au moyen des espèces bovine, ovine
ou porcine.

Tous les cultivateurs connaissent ou doivent connaître les
équivalents de nourriture, et, dans les tableaux donnés par
les Payen, les de Gasparin, les Boussingault, qui sont à la
fois des théoriciens et des praticiens, on trouve que pour
remplacer 1 kilog. de prairies sèches il faut 3^k,500 à 4 kilog.
de betterave ; nous admettrons pour nos comptes ce dernier
chiffre.

A l'égard de la valeur nutritive des pulpes provenant de la

FRAIS VARIABLES :

D'autre part.	160 fr.
Engrais enlevés au sol à 2 fr. 50 par 0/0 kilog.	125
Chargement, déchargement, transport, engrangement et bottelage à 30 cent. des 0/0 kilog.	15
Total des frais réunis.	300 fr.

Soit 6 fr. par quintal métrique, la récolte étant de 50 quintaux.

(1) Cette nourriture, à 6 fr. le quintal métrique, est encore la plus
économique, puisqu'il faut, pour la remplacer,

50 kilog. d'avoine ou sarrasin, valant aujourd'hui.	10
40 kilog. farine d'orge ou de froment avarié.	11
100 kilog. de son de froment.	14
80 kilog. de tourteaux de cameline ou œillette.	12
50 kilog. de tourteaux de colza.	9

LECOUTEUX.
(Principes économiques de la culture améliorante.)

distillation de betteraves macérées à la vinasse, il est parfaitement acquis aujourd'hui que 100 kilog. de pulpes valent au moins 100 kilog. de betteraves crues ; quelques enthousiastes ont prétendu même qu'ils aimaient mieux les 6 à 700 kilog. de pulpes provenant de 1,000 kilog. de betteraves, que ces 1,000 kilog. de betteraves eux-mêmes.

Toutefois, des analyses faites par M. Meurein, le chimiste si distingué du comice agricole de Lille, et de celles que nous avons fait faire nous-même, l'an passé, par l'École impériale des ponts et chaussées (1), il résulte que les rapports entre les éléments nutritifs de la betterave et ceux de la pulpe sont à peu près identiques ; aussi, à cet égard, en con-

---

(1)

ÉCOLE IMPÉRIALE **EXTRAIT DU REGISTRE DES ESSAIS.**
des
PONTS ET CHAUSSÉES.

LABORATOIRE.

TROIS ÉCHANTILLONS

de *Betteraves, Pulpes et Vinasses*, remis par M. PATY-GAILLARD, de *Prunay-le-Gillon (Eure-et-Loir)*, le 18 mars 1868 *(dernier jour de fabrication)*.

L'analyse de ces échantillons a donné les résultats suivants, rapportés à 1 kil. de chacun d'eux.

	Betteraves.	Pulpes.	Vinasses.
	gr.	gr.	gr.
Eau.	861.80	906.40	979.20
Azote.	2.60	2.20	0.80
Autres produits volatils ou combustibles.	124.00	69.40	12.40
Cendres.	11.60	22.00	7.60
TOTAL.	1,000.00	1,000.00	1,000.00

sultant les hommes pratiques, ils sont tous de l'avis una-
nime à attribuer aux pulpes la même valeur qu'à la betterave
crue.

Le savant directeur de Grignon, M. Bella, dans une lettre
qu'il a écrite au *Journal d'agriculture pratique* (page 182,
tome II, 1858), affirme « qu'une expérience de trois années
« l'a convaincu que 100 kilog. de résidus de betteraves dis-
« tillées par le procédé Champonnois VALENT BEAUCOUP PLUS,
« surtout pour l'engraissement, que 100 kilog. de betteraves
« crues. »

Sans nous adresser aux praticiens des départements bettera-
viers, nous avons consulté les agriculteurs de la Beauce qui
ont été à même d'apprécier cette nourriture, notamment
MM. Lhomme, Lefebvre, Jules Maunoury de Saint-Léger,
Delavallée, Isambert de Boisville, Popot de Bissau, etc., etc.,
et tous nous ont dit qu'ils estimaient autant, sinon mieux,
100 kilog. de pulpes que 100 kilog. de betteraves crues, d'autant
plus que celles-là permettaient un meilleur emploi des rési-

La composition centésimale des cendres est la suivante :

	Betteraves.	Pulpes.	Vinasses.
	gr.	gr.	gr.
Résidu insoluble dans les acides. . . .	25.25	42.45	1.10
Alumine, peroxyde de fer et bases des phosphates.	12.50	8.55	4.45
Acide phosphorique.	5.20	2.90	3.00
Chaux non précipitée avec l'acide phosphorique.	0.35	1.05	0.05
Magnésie.	1.55	1.30	3.75
Soude.	16.85	5.65	34.65
Potasse.	17.20	11.50	14.60
Acide sulfurique.	2.80	13.00	34.60
Acide carbonique et produits non dosés.	18.30	13.60	3.80
TOTAL.	100.00	100.00	100.00

Les pulpes et vinasses provenaient de la betterave soumise à
l'analyse.

dus de la ferme, tels que siliques de colza, pailles avariées, balles, etc.

Nous n'avons pas l'honneur de connaître personnellement l'opinion, à cet égard, de Messieurs les fournisseurs de la distillerie de Prunay ; toutefois, à propos de la prime vicomte Reille, consistant en une Médaille d'or, et attribuée, en 1866, au concours d'Auneau, à M. Dramard aîné, de la ferme d'Augerville, l'un de ces fournisseurs, nous lisons dans un rapport dressé par le si zélé secrétaire-rapporteur, P. Roussille, du comice agricole de Chartres, les expressions suivantes : « Chaque année, 30 hectares portent des betteraves « qu'on livre à la distillerie, d'où l'on rapporte la pulpe né- « cessaire à l'engraissement de 8 à 900 moutons chaque « hiver, et à la nourriture d'une trentaine de vaches. Et à « ceux qui diront que la betterave vendue à l'échelle du « prix des alcools, alors que l'alcool tombe au-dessous de « 50 francs l'hectolitre, ne paye pas ses frais, M. Dramard « répondra que, même à ce bas prix, la pulpe employée à « l'engraissement vient encore produire les engrais les meil- « leurs, les plus abondants et à un prix assez abaissé pour « que nulle part, mieux qu'après la betterave, un filet de « guano n'assure une bonne récolte de blé d'excellente qua- « lité, etc. »

Il est vrai que dans ces paroles, si flatteuses pour les pulpes de distillerie, leur équivalent nutritif n'y est point déterminé, mais nous aimons à croire que l'opinion de cet agriculteur distingué, ainsi que celles de ses co-fournisseurs, sont en tout conformes à celles des personnes pratiques que nous avons citées plus haut, et que, comme elles, par conséquent, ils estiment au moins autant 100 kilog. de pulpes que 100 kilog. de betteraves crues.

Quant aux pulpes de sucrerie, les uns les préfèrent aux pulpes de distillerie ; les autres, au contraire, aiment mieux ces dernières.

Le Comice agricole de Lille, toujours soucieux des grands intérêts agricoles, a voulu éclairer cette question, et il a chargé, à cet effet, M. Meurein, chimiste très-distingué, d'analyser ces deux genres de pulpes.

De son travail il est résulté qu'en vertu de l'azote contenu dans ces diverses substances l'on pouvait établir, pour chacune d'elles, les équivalents suivants :

Pulpes de sucrerie non lavées. . . . . . 85 kilog.
Les mêmes, lavées et exprimées à nouveau. . 145
Pulpes des distilleries Champonnois. . . . 137

(*Traité complet de la distillation*, par Payen, page 256.)

Et comme aujourd'hui, dans toutes les sucreries, la pulpe subit deux ou trois lavages à la vapeur, on peut affirmer hardiment qu'elle ne vaut pas mieux que celle des distilleries ; et encore cette dernière permettra-t-elle toujours un meilleur emploi des résidus de la ferme.

Ainsi donc, étant bien établi par des documents théoriques, confirmés et sanctionnés par la pratique, que, comme nourriture, les pulpes provenant de la betterave valent la betterave elle-même, elles devront donc valoir le même prix argent, et, en nourriture, il n'en faudra également que 4 kilog. pour valoir un kilog. de prairies sèches (1).

---

(1) Dans un article fort intéressant de M. Ernest Pépin Lehalleur de Coutançon (Seine-et-Marne) sur un engraissement de 120 moutons, que publie dans cè moment-ci le *Journal d'agriculture pratique*, on lit, à la page 341 du numéro du 11 mars 1869, que si, d'après les expériences de MM. Boussingault et Magne, il faut 20 kilog. de foin sec donnés à un animal bien portant et recevant par jour une nourriture en bon rapport avec son poids vif (*environ 4 kilog. à 5 kilog., 500 par 100 kilog. de chair vive*), pour lui faire acquérir un accroissement de poids vif d'un kilog. ; M. Pépin Lehalleur, par des expériences bien suivies, a trouvé que 67 kilog. pulpes de distilleries produisaient le même effet, et que, par conséquent, 3 kilog. 35 de pulpes équivalaient à un kilog. foin sec ; or, comme dans ses comptes il estime également la valeur de 100 kilog. foin sec à 6 francs, il trouve que celle de 1,000 kilog. pulpes par rapport à leur équivalent nutritif est de 17 fr. 90 cent. La nourriture qu'il donne à ses animaux, après 48 heures de fermentation, est un mélange d'environ 3 kilog. fourrages secs avec 100 kilog. de pulpes, qui est administré à raison de 17 kilog. par jour et par 100 kilog. de chair vive, équivalant en foin sec à 5 kilog. 500.

Arrivons donc maintenant aux comptes devant faire ressortir les conditions les plus économiques dans lesquelles le cultivateur, alors qu'il en sera à même, pourra produire la betterave.

La sucrerie, dans votre article, fait annoncer qu'elle paye la betterave 18 francs les 1,000 kilog. livrés à l'usine, et qu'elle rend 200 kilog. de pulpe pour 2 francs; soit donc 16 francs et 200 kilog. de pulpe, représentant en prairies sèches 50 kilog. valant 3 francs.

Les distilleries centrales, au moyen de l'échelle mobile actuelle, payent 12 à 13 francs les 1,000 kilog. de betteraves, soit en moyenne 12 fr. 50, et elles rendent pour rien 650 à 700^k de pulpes pesant encore, rendues à la ferme, 600 kilog., lesquels équivalent à 150 kilog. de prairies sèches d'une valeur de 9 francs (1).

Un hectare de terre bien fumé et bien soigné rend très-facilement 40,000 kilog. de betteraves, équivalant en prairies sèches à 100 quintaux métriques.

Cette quantité de betteraves, rendue à une sucrerie, produira en pulpe, à 20 %, 8,000 kilog. équivalant en prairies à 20 quintaux métriques; soit une production *en moins*, par hectare, de 30 quintaux par rapport au rendement normal des prairies artificielles.

---

(1) Les distilleries centrales s'engagent aujourd'hui à distiller toute la betterave du cultivateur, quel que soit le prix du 3/6, et lui assurent un minimum de 10 francs par 1,000 kilog. A partir de 50 francs, elles donnent une prime de 20 centimes par 1,000 kilog. et par chaque franc de hausse sur le 3/6, de telle sorte que, le prix du 3/6 étant à 70 francs, les 1,000 kilog. de betteraves sont payés 14 fr. plus les pulpes.

La cote officielle a donné un cours moyen pour les neuf dernières années, pendant les cinq mois de fabrication, novembre, décembre, janvier, février et mars, de 68 fr. 90; à ce prix alors la betterave, payée aux conditions ci-dessus, serait ressortie à 13 fr. 78 cent. les 1,000 kilog. plus les pulpes.

Il est bon d'observer que les distilleries ne peuvent payer les prix ci-dessus qu'à la condition d'avoir au moins à fabriquer 8,000,000 kilog. de betteraves.

La même quantité de betteraves livrée à une distillerie rendra en pulpe, à 60 %, 24,000 kilog., équivalant en prairies sèches à 60 quintaux métriques ; quantité qui, malgré la perte de 40 pour 100 éprouvée à la distillerie et en route, *surpasse* encore de 40 quintaux métriques la production d'un hectare de prairies.

Maintenant, pour cultiver un hectare de betteraves tel qu'on le fait à Prunay, et tel aussi que nous avons pu le faire nous-même pendant cinq ans, c'est-à-dire dans des conditions à produire 40,000 kilog. ; il faut compter, en comprenant 6 à 7 francs d'engrais enlevés à la terre par 1,000 kilog., sur une dépense totale de 600 francs, les betteraves rendues dans les silos de la ferme, ou de 700 francs si on les livre à une usine située à 4 ou 5 kilomètres au plus (1).

Toutes ces considérations générales de cultures et de prix de revient étant bien établies, voyons enfin dans quelle condition la betterave rapportera le plus au cultivateur, soit : 1° en

---

(1) Détail des frais de culture sur un hectare de betteraves.

FRAIS FIXES :

Loyer de la terre, frais généraux et impôts.	100 fr.
Labours, ensemencement, semence.	80

(Il ne serait pas juste de compter plus pour cet article ; une partie des frais devant profiter à la récolte subséquente.)

Trois façons, dépressage, arrachage et chargement sur tombereaux.	100

FRAIS VARIABLES :

Engrais enlevés au sol à 6 fr. 50 par 1,000 kilog.	260
Transport des champs aux silos de la ferme et ensilotage à 1 fr. 50 des 1,000 kilog.	60
Nettoyage et chargement sur tombereaux à 50 c. des 1,000 kilog.	20
Transport à 4 ou 5 kilomètres à 2 fr. des 1,000 kilog.	80
Total des frais réunis.	700 fr.

Soit 17 fr. 50 cent. des 1,000 kilog. rendus à 5 kilomètres, la récolte étant de 40,000 kilog.

la faisant manger en nature ; 2° en la livrant à une sucrerie ;
3° en la rendant à une distillerie.

1°. Consommation à la ferme de la betterave en nature.

Nous avons dit que 100 kilog. de prairies sèches revenaient
au cultivateur à 6 francs ; nous avons dit encore que 1 hectare de betteraves rendant 40,000 kilog. représentait en prairies 100 quintaux métriques ; or 100 quintaux métriques à
6 francs font 600 francs, somme égale aux frais nécessités par
cette culture.

Par conséquent, lorsqu'on fait manger la betterave en nature, on se trouve dans les mêmes conditions que si l'on
cultivait des prairies ; mais il en résultera l'avantage de l'al-
ternance des récoltes, qui permettra de ne faire revenir les
prairies sur la même terre que tous les six ans au lieu de
tous les trois ans, comme cela se fait aujourd'hui. Disons
aussi que l'hectare de betteraves produira le double de nourriture que l'hectare de prairies.

*2° Compte de l'hectare de betteraves coûtant 700 francs livré
à une sucrerie.*

40,000 kilog. de betteraves à 16 francs. . . .   640 fr.
  8,000 — de pulpes, équivalant en prairies à
20 quintaux métriques à 6 francs. . , . . .   120
                        Total.   760

Soit un bénéfice, par hectare, de 60 francs.

*3° Compte de l'hectare de betteraves coûtant 700 francs livré à
une distillerie.*

40,000 kilog. de betteraves à 12 fr. 50. . . .   500 fr.
 24,000 — de pulpes, équivalant en prairies à
60 quintaux métriques à 6 francs.   360
                    Total.   860

Soit un bénéfice, par hectare, de 160 francs.

Ces chiffres nous dispensent de tout commentaire ; seulement, au moment de terminer cette lettre, déjà longue, nous nous apercevons que nous n'avons point parlé des avantages résultant, pour la terre, de la culture de la betterave au point de vue de son nettoiement, des labours profonds qu'elle nécessite, et qui constituent une véritable conquête sur le sol.

Aussi, monsieur le directeur, si vous voulez bien le permettre, nous espérons, dans un prochain article, revenir sur cette question et établir, d'une manière aussi précise que possible, les conditions dans lesquelles le cultivateur aura plus d'avantage ou à distiller lui-même sa betterave, ou à la livrer à une distillerie centrale ; et nous donnerons alors tous les détails, en les spécialisant même, des frais de toute nature que nécessite la distillation de cette précieuse racine (1).

Comptant sur votre bienveillance pour insérer cette lettre dans votre prochain numéro, nous vous prions, monsieur le Directeur, d'agréer nos sincères remercîments.

CH. PATY,
De la distillerie de Prunay-le-Gillon (Eure-et-Loir).

---

(1) Le cultivateur aura toujours avantage à livrer sa betterave à une distillerie toutes les fois qu'il n'en sera éloigné que de 4 à 5 kilomètres et qu'il aura de beaux chemins, à moins cependant qu'il n'arrive lui-même à produire 2,500,000 kilog. de betteraves, quantité qui lui permettra de monter pour son compte une distillerie.

EXTRAIT DU *JOURNAL DU LOIRET*,

DU 15 OCTOBRE 1868,

l'article suivant, sur la valeur hygiénique des pulpes de distilleries.

Préservatif contre le sang de rate.

On a écrit bien des volumes sur cette terrible maladie, proposé bien des remèdes, et les résultats aujourd'hui sont à peu près nuls.

A quoi faut-il attribuer ces mécomptes ? à un défaut d'hygiène, à une culture qui progresse, mais pas dans d'assez grandes proportions pour éviter ces pertes qui se chiffrent par millions.

Aujourd'hui, comme en 1862, dans un mémoire présenté à la Société d'agriculture de Seine-et-Marne, je dirai que le meilleur préservatif du sang de rate, c'est la betterave *et même la pulpe de betteraves, résultant des distilleries pour la fabrication de l'alcool.* Les quelques agriculteurs de la Beauce qui, dans leur exploitation, ont évité le sang de rate ne l'ont dû qu'à l'administration de la betterave, tant préconisée par M. Delafond.

Si quelques-uns ont eu des accidents, c'est que les rations de fourrages ont été trop abondantes.

Dans la Brie, *depuis l'apparition des distilleries*, le sang de rate a complétement disparu.

Je pourrais citer tels fermiers qui, annuellement, perdaient un grand nombre de moutons, et qui, depuis l'administration *des pulpes de betteraves,* n'en perdent pas un seul.

Tandis que ceux qui n'ont point changé leur système de culture éprouvent des pertes notables.

Ainsi, sans dire un mot de la cause ni de la nature du sang de rate, ce qui nous entraînerait dans des considérations fort étendues, je me bornerai à ce fait essentiellement pratique, que la betterave prévient le sang de rate, et *que la pulpe de betteraves résultant de la distillation en est le préservatif par excellence.* J'en ai acquis l'assurance sur près de 100,000 moutons.

Quant au remède, il faut avouer qu'en dépit des gens qui trouvent des spécifiques à tous les maux il est à peu près nul.

L'émigration a seule jusqu'ici à peu près justifié sa réputation.

Quand la maladie sévit sur un troupeau, ne négligeons pas les conseils des illustres Tessier, Daubenton, Delafond, etc. ; les saignées, les purgatifs, le traitement à l'arsenic, voire même les produits factices de la distillerie, les eaux saturées d'acide acétique ou sulfurique, etc. ; mais, avant tout, cherchons à nous préserver du fléau par une culture progressive et une hygiène bien entendue.

Je profite de cette circonstance pour demander, au nom de l'agriculture, une enquête dans le but simplement de faire connaître la différence des pertes qu'éprouvent les cultivateurs dans les pays de la Beauce où la betterave n'est pas ou peu cultivée, dans ceux où cette racine est donnée en suffisante quantité; enfin, dans les cultures *où il existe des distilleries agricoles.*

Une enquête de ce genre jetterait une grande lumière sur

cette question, et contribuerait puissamment, j'en ai la conviction, à l'extinction d'une maladie qu'il est plus facile de
prévenir que de guérir.

H. GUIONNET,

Vétérinaire, à Orléans.

Orléans, ce 12 octobre 1868.

EXTRAIT DU JOURNAL *L'UNION AGRICOLE*

DU 21 MARS 1869.

MONSIEUR CH. PATY,

J'ai lu avec d'autant plus d'intérêt l'article que vous avez publié dans l'*Union agricole* du 7 courant, qu'il est, entre autres choses, comme une enquête faite sur un point des plus importants, à mes yeux, dans la culture des betteraves à son début : *La valeur des pulpes de distillerie, dans l'alimentation du bétail à la ferme, par comparaison avec la betterave elle-même donnée en nature.* C'est principalement sur ce point que je désire figurer dans votre enquête.

Pour corroborer votre opinion et agir plus efficacement sur les cultivateurs qui critiquent encore ou doutent malgré l'évidence, vous l'avez appuyée, et je vous en félicite, de celle des hommes de la science, dont on n'apprécie pas assez généralement les travaux et les services incessants qu'ils rendent à l'agriculture, et de celle d'hommes de la pratique, au nombre desquels vous auriez pu me comprendre.

Neuf années d'expériences faites sans interruption et avec soin comme cultivateur et distillateur m'ont convaincu que 100 kilog. de pulpes valent mieux que la même quantité de betteraves données en nature, même fermentées au degré alcoolique, même mélangées aux pailles hachées ou menues, par la raison indiscutable, selon moi, qu'une bête de l'espèce bovine ou ovine maigre, nourrie exclusivement de pulpes, avec addition de paille longue d'avoine ou de blé, prend visiblement de l'état, et qu'elle en perd, dans un temps plus ou moins long, si, avec le même régime, on substitue de la betterave en nature à la pulpe.

Vous le voyez, monsieur, je puis, après l'aveu qui précède, être compris dans le nombre des *enthousiastes* (pour me servir de votre propre expression) parmi lesquels vous classez M. *Bella*, directeur de l'école de Grignon, en citant son opinion extraite par vous du journal d'*Agriculture pratique*.

Mais ce que vous auriez pu constater au cours de votre enquête, déjà si concluante en faveur des pulpes et de la culture de la betterave; qui deviendra, malgré tout, la base principale et essentielle de tout bon établissement cultural dans notre contrée favorisée par un sol privilégié; c'est la disparition de la maladie du sang de rate.

Si déjà vous n'avez pu apercevoir que ses ravages sont moins grands ici, tournez-vous du côté des départements voisins de Paris, de la Brie surtout, et vous verrez, avec une satisfaction peut-être mêlée de surprise, que, depuis que les pulpes sont en usage (12 ans environ), cette cruelle maladie. qui décimait les beaux troupeaux de ce pays, où les distilleries, non pas encore les sucreries, sont en grand nombre, a disparu, et qu'on attribue cet heureux événement à l'usage des pulpes dans les bergeries.

Mon opinion sur ce point, résultant d'observations peutêtre plus empressées que les vôtres, n'est pas moins fondée que pour ce qui concerne l'entretien des animaux.

Voici, du reste, un passage d'une de mes lettres que publiait le journal du *Loiret* en novembre dernier, qui vous prouvera au moins ma conviction, si ce n'est ma compétence.

« Elles fonctionnent (les distilleries de la Beauce) depuis
« lors en dépit du bas prix des produits alcooliques, mais
« soutenues par les avantages incontestables des pulpes qui
« rentrent à la ferme en qualité et en quantité (65 pour 100)
« en dehors de toute comparaison avec les productions four-
« ragères, que notre sol ne produit plus autant que par le

« passé, tant il est vrai qu'on ne peut se soustraire à l'obli-
« gation impérieuse d'alterner judicieusement les ensemen-
« cements.

« On peut affirmer aujourd'hui que dans toutes nos fer-
« mes, grandes ou moyennes, on cultive à l'envi l'un de
« l'autre cette précieuse racine. Il est vrai que le plus grand
« nombre des fermiers, soit à cause de leur éloignement
« d'une distillerie, soit pour d'autres raisons qu'il est peu
« important de rechercher ici, les donnent sous la forme de
« cossettes crues mélangées à de la paille menue et fermen-
« tées à l'état alcoolique ; et, dans cette condition même,
« c'est déjà un avantage, *puisque la maladie du sang de*
« *rate a disparu des fermes où cette racine est donnée à*
« *l'état de pulpes, comme alimentation, et paraît décroître*
« *dans les autres.* »

Quant au projet d'une sucrerie à établir à Voves, projet
que vous avez salué de tout cœur au commencement de votre
article, son succès paraît douteux. Il est vrai, pourtant, que
la compagnie qui se présente à Voves a été relativement
plus heureuse, dans ses tentatives, que celle qui, il y a deux
ans, m'avait chargé de sonder le terrain pour un semblable
projet à Boisville ; car celle-là a déjà reçu la promesse d'en-
gagements pour 50 hectares environ, tandis que celle-ci a
éprouvé un échec complet. Que faut-il en penser ? C'est
qu'en toutes choses il faut commencer par le commencement,
et non par la fin. A-t-on débuté, dans les environs de Paris,
par les sucreries ? Non. On a d'abord fait des betteraves en
petite quantité ; on s'est appris lentement à les faire, à les
cultiver sans de grands frais ; on a fait, en un mot, son ap-
prentissage sans s'exposer beaucoup, sans changer tout à
coup son matériel vivant et roulant.

Puis le besoin s'en étant fait sentir, plus de cinquante distilleries, dans un petit rayon, s'y sont successivement fon-
dées ; les unes centrales, les autres annexées à la ferme, qui
ont aidé la culture à se transformer avec les petits bénéfices
du présent, et l'espoir des grands bénéfices de l'avenir par le

nettoyage des terres, leur défoncement, leur émiettement, un soin intelligent des fumiers, etc.; toutes bonnes choses ayant produit plus de blé, plus d'avoine, plus de viande que par le passé, et fait arriver la récolte de la betterave à 40, 50 et même 60,000 kilog. à l'hectare, quand elle n'était, au début, qu'à 25,000 en moyenne.

Avec l'intelligence, le temps et la patience dont doit être doué tout bon cultivateur, le tour des sucreries viendra, alors surtout que les agriculteurs, ayant fait de la betterave, cette plante providentielle (pour me servir de l'expression de l'honorable M. *Heddebaut*, agronome distingué, président du comice agricole de *Lille*), la base principale de leur exploitation, seront en mesure d'en mettre de grandes étendues pour les recevoir de pied ferme en leur fournissant abondamment la matière première, et partager avec elles les bénéfices que ce progrès réserve au travail et à l'intelligence.

Sans être opposé à l'établissement de sucreries, je conseille à la Beauce, en attendant, d'imiter la Brie, c'est-à-dire d'annexer des distilleries, système Champonnois, à la ferme; et, dans son intérêt bien entendu, de faire un accueil bon, loyal, confiant aux distilleries centrales présentes et futures; elles sont assurément nécessaires à la grande, à la moyenne, et surtout à la petite culture, qui trouvera dans ces établissements un marché voisin pendant six mois de l'année, d'où elle rapportera, chaque jour, argent et nourriture pour ses bestiaux.

Veuillez agréer, etc.

NADLER-CHASLES.

Boisville, le 9 mars 1869.

Extrait des Archives du comice agricole de l'arrondissement de Lille (1868).

RECHERCHES

SUR LES SUBSTANCES ALIMENTAIRES

DESTINÉES AU BÉTAIL.

(Deuxième Mémoire)

Par M. B. CORENWINDER.

Pulpe de betteraves macérées.

Ayant eu l'occasion de faire, l'hiver dernier, une analyse de la pulpe de betteraves obtenue dans une usine où le travail a lieu par le système de macération de M. Champonnois, je vais la présenter ici, afin d'en comparer les éléments avec ceux des racines précédentes.

Comme la composition des denrées alimentaires varie souvent en apparence, parce qu'on ne précise pas convenablement les conditions dans lesquelles on les a obtenues, je fais observer que l'échantillon que j'ai analysé a été prélevé au moment où on le retirait du macérateur, il a été égoutté simplement et mis en œuvre aussitôt. J'ai noté aussi que cette pulpe a été épuisée avec beaucoup d'eau après avoir été soumise à l'action de la vinasse; c'est ce qui explique pourquoi la portion du sucre y est si peu considérable.

Voici cette analyse :

Eau.	91,90
Sucre.	0,82
Substances azotées.	1,36
Cellulose, pectose, etc.	4,86
Matières minérales.	1,06
	100,00

Si l'on compare ces chiffres avec ceux qui précèdent, on voit que la pulpe de macération (Champonnois) est plus riche en substances azotées, c'est-à-dire en matières essentiellement nutritives, que la betterave globe jaune et que la disette.

Relativement au rutabaga, sa valeur, à ce point de vue, est à peu près la même. Les chiffres qui représentent leurs richesses respectives en substances azotées ne diffèrent l'un de l'autre que de quelques centièmes (1).

D'après les analyses de M. Boussingault et les miennes, qui sont parfaitement concordantes, la betterave à sucre, dite de Silésie, contient 1,56 pour 100 des mêmes substances azotées ; la valeur nutritive de la pulpe (Champonnois) ne s'éloigne donc pas sensiblement de celle de cette betterave ; la légère diminution qu'on remarque provient probablement de ce qu'en macérant cette racine on en enlève le nitrate de

---

(1)　　　　　BETTERAVE GLOBE JAUNE.

Poids de la racine.	2,672 gr.
Eau. 86,050	
Sucre. 8,800	
Substances azotées. 1,087	
Cellulose, pectose, etc. 3,127	
Matières minérales. 0,936	
100,000	

J'ai fait autrefois l'analyse d'une betterave disette, ayant acquis également un grand développement et j'y ai trouvé,

Substances azotées. 1,044

Ces deux résultats sont donc à peu près identiques.

RUTABAGA, NAVET DE SUÈDE, CHOU-NAVET.

Poids de la racine.	2,822 gr.
Eau. 87,60	
Substances azotées. 1,41	
Sucre incristallisable, cellulose, etc. 10,37	
Matières minérales. 0,62	
100,00	

potasse par voie de dissolution; les matières albumineuses sont fixées dans les cossettes par l'action de la chaleur.

Il résulte de cette comparaison que la puissance, comme aliment du bétail, de la pulpe macérée n'est pas moindre que celle des betteraves elles-mêmes. En lessivant ces racines par un liquide chaud, on coagule les matières azotées ainsi que les phosphates qui sont combinés avec elles et qui en font partie intégrante, parce que, dans les sages combinaisons de la nature, on trouve réunis dans le règne végétal les corps qui sont destinés à jouer un rôle similaire dans l'alimentation des animaux. Le lessivage a enlevé les sels solubles, et le sucre, élément qui, d'après toutes les probabilités, est plutôt nuisible qu'utile au bétail.

On sait, en effet, qu'un animal que l'on nourrit avec une trop grande quantité de betterave riche en sucre ne prospère pas en raison des sacrifices qu'il impose. Le sucre employé avec abondance est un laxatif qui nuit aux fonctions de cet animal. Il n'y a donc pas d'inconvénient à en remplacer la majeure partie par de l'eau, et c'est en cela seulement que la pulpe macérée diffère de la betterave qui a servi à la fabriquer.

On peut conclure de ces faits que 1,000 kilog. de cette denrée ont approximativement la même valeur pour le fermier, qui la donne à son bétail, que les 1,000 kil. de betteraves qu'il a livrés à la distillerie (1).

Ces déductions, que la théorie enseigne et que la pratique a confirmées, démontrent combien est salutaire, pour le progrès des sociétés humaines, l'alliance de l'agriculture et de l'industrie. Dans le cas qui nous occupe, le cultivateur vend sa denrée au prix habituel de 20 fr. les 1,000 kilog., et il reçoit en retour une autre denrée équivalente dont le prix d'achat est beaucoup moindre. Ici la loi rationnelle de la restitution

---

(1) Les cultivateurs qui font usage de cette pulpe savent qu'il faut y associer des aliments secs, tels que paille, foin, grains, tourteaux, etc.

au sol est parfaitement respectée. L'industriel ne soustrait à l'agriculture qu'un corps parfaitement inerte pour elle, le sucre, dont les éléments viennent de l'atmosphère, et il rend à la terre, sous une autre forme, les matières fertilisantes que la betterave lui avait empruntées.

On voit, par ces exemples, combien sont dignes de la sollicitude des législateurs ces industries qui vivifient l'agriculture, décuplent ses forces en enrichissant le sol et la société. En bonne économie politique, elles devraient être encouragées, raffermies sur leurs bases, vivant en pleine sécurité, et cependant des doctrines insensées, une fausse interprétation du jeu des rapports internationaux mettent tous les jours leur existence en péril. L'alcool que l'industriel retire de la betterave est pour celui-ci un produit essentiel, mais pour l'agronome il est une sorte de *caput mortuum* secondaire par son importance; pour le moraliste, c'est un breuvage empoisonné qui engendre tous les vices et qu'il faudrait anéantir. Sans exagérer le mal et sans vouloir proscrire les liqueurs spiritueuses dont l'abus seul est nuisible, il est incontestable qu'il importe peu à la chose publique que ces liqueurs soient livrées sur le marché intérieur à un prix tellement avili, que leur consommation vicieuse puisse prendre des proportions excessives.

Cependant, par de déplorables dispositions fiscales, le tarif qui règle l'introduction des alcools de provenance étrangère a été réduit à ce point qu'on voit abonder cette marchandise sur les quais de nos ports, au détriment de notre agriculture et de notre industrie nationale. Qui profite de cet état de choses ? Ce n'est certainement ni la famille, ni la morale publique.

Que l'on se persuade bien que chaque hectolitre d'alcool qui entre sur notre territoire prive notre bétail d'une proportion équivalente de matières alimentaires, nos champs des engrais qui devraient les féconder. Que l'on abaisse les tarifs, dans une certaine mesure, sur les matières destinées à alimenter nos industries. Qu'on ouvre les barrières aux produits de nécessité absolue, dont l'abondance et le bon marché importent au bien-être des masses. Mais par quelle aberration a-t-on été conduit à faciliter, à permettre l'introduction d'une denrée de luxe et de fantaisie qui, par elle-même, n'est digne d'aucune faveur et qui n'a d'importance aux yeux du citoyen éclairé que par les avantages que sa fabrication procure à l'économie rurale.

Un esprit de vertige a plané sur la France, une fausse doctrine de cosmopolitisme engendrée par des rêveurs a mis en péril le travail national. Le sol de la patrie est jonché de ruines que l'esprit de système a accumulées autour de nous. Une réaction salutaire commence heureusement à se manifester. Espérons que, plus sensé et mieux avisé, le pays reconnaîtra qu'il a fait fausse route et que le véritable patriotisme exige que les citoyens d'une nation fécondent leurs champs, alimentent leurs usines, nourrissent leurs travailleurs, avant que de songer aux champs, aux ouvriers, aux manufactures de l'étranger.

Paris. — Imprimerie de Mme Ve Bouchard-Huzard, rue de l'Éperon, 5.